W0403373

L'Amour,
l'exil,
la liberté

L'Amour, l'exil, la liberté,

La révolte des poètes d'Afghanistan

Poésie

Traduit du persan par Belgheis Alavi
Préface d'Olivier Weber

CALMANN LEVY

CALMANN LÉVY
ÉDITEUR DEPUIS 1836

© Calmann-Lévy, 2025

Couverture
Conception graphique : Thomas Hamel/olo éditions

ISBN 978-2-7021-9342-6

Préface

C'est un cri qui surgit du fond des tripes et du fond des temps. Un cri universel, de révolte et d'indignation. Alors que les obscurantistes ont repris le pouvoir, les poètes afghans dénoncent l'arbitraire et vilipendent les turbans noirs. Depuis quatre ans, l'Afghanistan est sous la coupe des talibans, qui imposent leur férule aux femmes, les condamnent à l'enfermement le plus total. Un ignoble apartheid, un huis clos fondamentaliste qui contraint nombre d'Afghanes au désespoir. Les jeunes filles sont interdites d'école. Les étudiantes ne pourront plus étudier. Nul diplôme de médecine pour le genre féminin, ce qui signifie que plus de la moitié de la population afghane sera privée de soins, un médecin homme ne pouvant ausculter un patient de l'autre sexe. Bannies sont les femmes des parcs, des salles de sport et salons de beauté. Plus de chant, plus de danse, plus de lecture à voix haute dans la rue et l'espace public. Des rideaux aux fenêtres pour cacher davantage encore les formes humaines. Les miliciens de la Promotion de la vertu et de la Répression du vice veulent enfouir à jamais les sourires dans des prisons de coton. « Un encagement », m'a dit un enseignant qui vivait en fief taliban durant leur premier règne. Comme si l'on pouvait briser à la fois les corps et les esprits.

Il reste la poésie, la voix des femmes et des hommes qui disent leur insoumission, combattent l'ignominie dans l'attente d'une aube nouvelle, parfois avec sensualité, souvent avec sensibilité, toujours avec fougue. « Dieu le fracas que fait un poète qu'on tue », écrivait Aragon à propos de García Lorca assassiné en 1936. Les poètes afghanes et afghans se sont relevés, nous murmurent le souffle, nous disent la folle envie d'affranchissement. Voilà à la fois une poésie lumineuse et une philosophie de l'action.

Les talibans musellent-ils les corps, les poètes enlèvent les chaînes.

Les talibans imposent-ils l'isolement, les poètes libèrent la parole.

Les talibans ferment-ils les maisons de rideaux, les poètes ouvrent des portails.

Les talibans règnent-ils par le fouet, les poètes ripostent par l'amour.

Elles et ils sont les Pablo Neruda de l'Orient.

Dans un élan rimbaldien, voilà des femmes et des hommes qui prônent non pas le dérèglement mais l'insurrection de tous les sens. Eux aussi sont des poétesses et des poètes voyants, issus de la jeune génération pour la plupart, celle qui a connu un semblant de paix et une vie de libertés. Ce n'est pas rien, dans le monde persan, où la tradition poétique, écrite, parlée et même chantée, qu'elle soit intime ou dénonciatrice, demeure vivante, fût-ce dans l'ombre. Leur engagement contre la tyrannie est, doit être le nôtre. La plupart sont en exil, aux quatre coins du monde, d'autres sont restés, sans avoir eu le choix, en butte au fanatisme religieux mais engagés dans la résistance civile. L'une a franchi les frontières au dernier moment, à l'heure où les talibans sonnaient le glas ; l'autre a quitté Kaboul clandestinement. Certaines, réfugiées en Iran, risquent le rapatriement forcé, tant le régime de Téhéran voit d'un mauvais œil ces exilées qui ont fui une autre théocratie.

Au-delà du bastion de la souffrance, ces écrits de l'exil, ces poèmes de feu, ces messages de paix et de tolérance, remarquablement traduits par Belgheis Alavi, s'avèrent universels et s'unissent en une voix singulière, un chant de colère mais aussi de renouveau, une promesse de combat. Au-delà de l'oppression et de la détresse, la résistance et la liberté. Comme s'il fallait réinventer un autre pays, lorsque l'exil n'est pas un royaume mais une principauté du désir et de l'attente, débarrassée des bigots mortifères et des impitoyables maîtres censeurs. La douleur de la porte fermée ouvre mille fenêtres sur le monde et accouche d'une myriade de soleils au balcon de l'éternité.

Voilà bien toute la force de la poésie, sa puissance de rupture, sa force d'insurrection, comme un monde qui vient. Je me souviens d'un panneau à la frontière afghane de Torkham, lorsque je pénétrai à pied en territoire taliban : « Aux croyants, le pays du sacrifice souhaite un accueil chaleureux. » Oui, le sacrifice d'un peuple entier. Mais le fouet ne peut venir à bout du poème et de la pensée. Au début était le verbe, et à la fin du monde il demeurera.

Car jamais le sentiment, en Afghanistan ou ailleurs, ne sera bâillonné. Nulle baronnie ne viendra à bout de l'ardeur de vivre et de la fureur d'écrire. Les mots comme armes contre le silence et l'oubli, la poésie contre une prison à ciel ouvert grande comme un pays. Cris rentrés et joies secrètes, fureurs hurlées et plaisirs clandestins, sanglots refoulés et antidotes dans le rêve au poison de la censure et à la passion de la césure.

Ce ne sont pas des bouteilles à la mer mais autant de jarres emplies d'amour et d'humanisme, des aurores contre l'horreur. Avec audace et courage, ces poètes de l'absolu dépassent les frontières, percent les murailles, raillent la barbarie, brisent les chaînes, se moquant tels les anciens poètes persans des théocraties et des dictatures de l'âme.

Et ils nous atteignent au cœur, ils nourrissent les rivières d'une sourde révolte.

De ces ténèbres naissent aussi toutes les espérances.

De la nuit noire surgissent les étoiles.

Olivier Weber, écrivain, grand reporter.

Mahbouba Ibrâhimi

Essence de la terre

J'aurais pu ne pas être
Comme ceux qui, à peine sur terre,
Sont renvoyés au jardin du néant
Mais
Il se trouve que
Je suis
Il se trouve que
Les graines des olives de Bohême du Badakhshan
Renforcent mes os
Que mes veines regorgent
Des grenadiers des vergers de Kandahar
Que mon âme
S'imprègne des substances du Hilmand[1]
Et que les raisins de Chamâli
Propagent la poésie
Sur ma langue

---

1. Le Hirmand ou Hilmand est une rivière prenant sa source dans les montagnes de l'Hindou Kouch, à l'ouest de Kaboul, qui coule vers le sud-ouest du pays.

Il se trouve que je suis
Une pousse pleine d'espoir
Qui avale, goutte à goutte, la vie
À peine suis-je arrivée sur terre
Que la terre me fut ravie.

Quand je revins à moi
Je n'étais que poème,
Essence de la terre
Et rien d'autre.

Il se trouve
Que sur cette terre
Un été
S'élèvera un cerisier
Là où sous la neige
Je me suis endormie.

Nous ne méritions pas la guerre

Ramassez vos bombes, vos fusils
Vos déchets
Et retournez chez vous
Peuple aisé du monde !
Ôtez vos regards de notre eau, de notre terre
Voisins malveillants !
Triste et enragée
Ces jours-ci
La poésie ne peut demeurer poétique
Mais quelle femme a le cœur
De porter les mains à ses cheveux
Lorsqu'elle est troublée et angoissée ?
Une femme
Quittée par tous
N'est pas femme
Mais la poudre serrée dans la gorge du fusil
Le chagrin pétrifié
Au cœur de la montagne.
Comment écrirais-je un poème
Avec autant de pierres
Fondues dans la gorge ?

Nous ne méritions pas la guerre
Terre aimée !
Belle femme sauvage !
Tu avais en partage
Des caravanes chargées de soie et de lumière
L'écho du rubâb[1] dans les montagnes
La neige du Sâlang
L'eau du Hilmand
Et des hommes vigoureux et gracieux
Qui t'offraient des enfants
Engendrés de l'amour et du savoir
Nostalgie
Exil
Solitude
Je ne les méritais pas
Mes poèmes devaient embrasser
Le parfum de l'arbre de Judée et de l'olivier de
Bohême
Le tintement des bracelets de cheville au
rythme de la danse
Le goût du lait des brebis dans les bois verts.

1. Rubâb : instrument de musique traditionnelle en Afghanistan de la famille des luths centrasiatiques, constitué à partir du bois de mûrier séché. Le rubâb afghan se distingue par son timbre chaud et coloré et son architecture externe et interne.

Un jour
S'épanouiront
Tous les espoirs
Que nous avons enterrés dans le sein de la terre.

Jumelles

Mon fils a acheté des jumelles.
Il peut regarder les choses les plus petites
Et son monde devient soudain dix fois plus grand.
La réalité
Ne peut pas être
Aussi vaste, aussi terrifiante.
Mon petit,
Le duvet de cette pêche
Est aussi insignifiant
Que notre solitude
Dans ce pays immense
Les pattes de cette mouche
Ne deviennent répugnantes
Qu'une fois grossies,
Comme nos chagrins
Deviennent tristes
Une fois prononcés.
Ne regarde pas les lignes de ma main
À travers tes jumelles
Sans quoi
Nous nous perdrons

Dans ce dédale de routes,
Ne t'attarde ni sur les pétales
Ni sur les flocons scintillants.
La vie
Souvent
Dévoile ses bords tranchants
Tiens-toi à distance de ses lames !

Afghanistan

Afghanistan,
Œil injecté
Soupir amer
Lèvre voluptueuse
Griffe violente
Poitrine nostalgique
Gorge en pleurs
Main caressante
C'est toi, mon Afghanistan
Qui, chaque jour, répands mon sang
Qui, chaque jour, me chasses !
Et chaque jour de plus en plus éprise
Je désespère de toi.
Je ne suis pas folle
De t'aimer ainsi
Il y a quelque chose en toi
Qui incite
Les femmes
À s'abandonner jusqu'au sang
À la mort
— Cette drogue mystérieuse

Qui dans les sous-sols
Dans les rues
A anéanti
On ne sait
Combien de générations.

Je ne sais pas qui tu es
Je ne sais comment
Mon amour pour toi
Gravé dans la mémoire de ma mère
M'a été transmis comme une anomalie génétique.

Ne m'approche plus
Et même si aucun pays ne m'offre ton étreinte
Je ne te rejoindrai pas.

La vie

Le matin revient, et avec lui revient l'enfant
bougon
La fatigue, l'ennui, la tristesse, le pain, le thé et
le fromage.

Tes yeux, sur le matin, ne peuvent pas s'ouvrir
Le matin, la femme voilée se met en quête de
pain, de lait.

Le matin, linge sale ; le matin, vaisselle empilée
Tu retrouves chaque matin la prison de ton
petit logis.

Tu t'emplis de sombres nuages
Que le ciel est loin ! Bienvenue nouveau
matin !

Vains sont tes tourments
Soit tu deviens oiseau, et tu seras libre, soit tu
te résignes.

Le matin, pomme ; le matin, quelques minutes
 d'éclosion
À cueillir avant le retour à la terre, inéluctable

Ô vie, puisses-tu lire cette ode dans ma gorge
 lasse !
Ô chant, puisses-tu ne pas mourir sous le joug
 de ma peine !

MAHTÂB SÂHEL

Liberté

Elle se soulève telle une ruine dans les rues,
liberté
Sous les lames, les poignards et la fusillade, liberté.

Ô fille de Kaboul, tourbillons de vents en furie
De ta gorge serrée à chaque fois s'élance la
liberté.

Lune transparente dans les ténèbres, tu brilles
Sur les murs et les portes, tu graves « liberté ».

Ils ont clos ta bouche mais tu cries
Avec tes cheveux indécents du haut de ta
potence, liberté !

De tes pas, de ton sang au pied du tyran
Toi, au cœur de l'Histoire, tu inscris « liberté ».

Le monde soigne ses chats et chiens
Quand toi, tu réclames pain, travail, liberté.

Toi, rivière, tu ronges pierres et falaises
La liberté ne suit pas de chemin tout tracé.

Ô lame tranchante, âme nue, fille de Kaboul
Ils ne peuvent plus te nier, liberté.

Fille radieuse

Ma mère a une fille radieuse
Le ciel est mon châle paré de pierres précieuses
Le miroir, mon rire aux mille éclats.

À présent ma gorge se serre, mon cœur explose
Le plat n'est-il pas trop salé ?

Sais-tu ce que ressent
Une femme libre que l'on contraint ?
Une femme libre que l'on contraint
À se donner à un homme qu'elle ne désire point
Un homme sans cesse insensible à ses sourires ?

Une femme libre sait
Que la vie n'est pas seulement faite d'ivresse
d'amour
Elle a une multitude de rêves
Elle n'est pas que sexe et génitrice de mâles.

Elle porte les soucis de son mari
Les douleurs de sa mère

Les peines de son frère
Elle porte et se consume comme la cigarette de son père.

Aucun remède ne fait baisser sa fièvre
On la traite de fumeuse débauchée
Poignards à la main, des amis la traquent
Des lames désirent ses lèvres
Et même la lune déserte son balcon.

Pour elle, pas de caresses d'amour
Seul le vide de l'épouvantail
Avec la tendresse d'une mère
Elle peigne les cheveux de sa poupée.

Soudain elle perd patience
Glisse main dans la main vers la folie
Brise le code d'honneur afghan
Et quitte la maison.

L'attend la calomnie des passants
Les loups à sa porte
L'attend le chemin sombre, le voyage
L'attend le danger de route en route.

Elle court à sa perte
Creusant sa tombe
De ce poème inachevé

Blottie dans un coin, elle s'endort
La cuisine est désormais fermée.

Elle voit cette histoire se répéter en vain
Elle veut passer de l'eau sur son visage
Se vêtir d'une robe fleurs de lierre
Et mettre un rouge à lèvres d'un rose profond.

Que mes cheveux peignent le vent
Que deux oiseaux s'envolent de ma poitrine
Que je danse comme un papillon, le temps
  d'un soupir
Que j'arrache toutes les racines du passé !

Oiseau impatient

Ce n'est pas un cœur, cet oiseau triste et
impatient
C'est une bombe prête à exploser.

Ce n'est pas une tête, cette énorme boursouflure
posée sur mon cou
Ce ne sont pas mes lèvres, ces poissons rouges
desséchés

Ce sont des maisons-chagrins, mes yeux
Ces cachots épuisés qui n'attendent plus l'aimé.

Cette belle femme tourmentée, c'est la solitude
La solitude, ce corps seul et meurtri.

Chaque jour, je suis avortée de ma chambre
Jetée dans la gueule des routes, ces serpents noirs.

Comme un oiseau envolé dans les bras du vent
Je suis effacée des mémoires sur le bois de ma
potence.

J'ai froid, prenez-moi dans vos bras, tombes
  chaudes !
Je suis un nuage sur tes paupières, qu'il pleuve
  sur moi, le ciel clément !

Remplissez mes coupes de vin amer
Que j'en oublie le temps et que le temps
  m'oublie.

WAHEED BAKTÂSH

Fuite

Notre liberté, nous l'avons enveloppée dans un
mouchoir
Et au grand galop
Nous avons fui à travers la fumée, à travers le feu.
Nous avons laissé derrière nous les champs de
blé du nord
Les sources de Tâleqân
Les fleurs rouges de Mazâr
La maison en ruine de Rûmi[1]
Nous avons abandonné les femmes de la mère
patrie
Nous avons fui
Sans venger les vignes brûlées
Sans sécher les larmes incessantes du Bouddha
Sans déposer de fleurs sur les tombes sans nom
Des combattants de l'Hindou Kouch.

---

1. Rûmi : Jalâl-al Din Mohammad Balkhi ou Rûmi (1207-1273) est un grand poète mystique persan né à Balkh.

Au galop nous avons traversé
Le feu et la fumée
Nous avons atteint une prairie
Mais le bord du mouchoir était taché de sang
Notre patrie est morte.

À présent, partout où nous allons
Nous exhalons l'odeur de la patrie morte.

À chaque pas que tu t'éloignes

À chaque pas que tu t'éloignes de la patrie
Une lettre de ton alphabet meurt
La tombe des poètes millénaires se couvre de sang
Un os chute de ton corps
Et une bien-aimée se trouve abandonnée.

Toi, tu ne peux plus tomber amoureux
Et converser avec le miroir
Jeter les graines aux moineaux
Lorsque tu guettes
Dans une ruelle
La bien-aimée.

Tu ne peux plus te révolter
Écrire un tract séditieux
Aller au cercle clandestin des révoltés
Ni subir la torture
Dans une prison
Lorsque tu te soulèves contre le pouvoir
Lorsque tu ne dénonces point le nom de tes
camarades.

À chaque pas que tu t'éloignes
La terre t'oublie.

Je te vénère donc ô liberté
Je t'écris une lettre d'amour
Pour qu'un jour
Tu puisses
Regagner de nouveau la patrie.

Tu es la mer

Tu es la mer
Je suis la terre gorge-serrée
Que l'on nomme montagne
Tu ne viens pas à moi
Et tu te penches juste à côté
Vers des terres plates.

Tu es l'oiseau
Je suis le plus vieil arbre
Au cœur d'un désert chaud et lointain
Tu ne viens pas à moi
Et tu t'envoles
Vers des forêts vertes.

Tu es le vent
Je suis la fenêtre
De la chambre d'un homme
Qui ne pense qu'à la mort
Et tu ne viens pas à moi !

Je t'aime

Je t'aime
Même si je ne comprends pas ton nom
Même si tes enfants
Ne sont plus
L'un pour l'autre
Que les lames saillantes
D'une grande et d'une petite hache
Posées sur ton cœur.

Je t'aime
Même si tes enfants
Ont éteint les lendemains
Des vastes plaines, des chevaux débridés,
Des jardins de grenades, des bouches colorées
des femmes,
Des mille poètes célébrant celles
Qui désarment leurs propres fils
Et leurs propres amants.

Je t'aime
En dépit de ton histoire.

Ton ventre est vide
Mais les préjudices que tu as subis
Sont aussi nombreux que les graines contenues
dans le pain.
Tu as vu ruisseler autant de sang
Que l'eau répandue par le monde.

Même si tu as tranché ma langue
Brûlé mes livres,
Au cœur des flammes
J'ai dansé avec chaque mot
Avec chaque mot, je me suis consumé
Car j'aimais mourir
Pour toi
En éternel martyr.

Je t'aime
Ma terre
Comme j'aime les cheveux blancs des femmes
Fanées en toi,
Leur multitude,
Dont le souffle perdure.

Lorsque je pense à toi

Lorsque je pense à toi
La ville s'effondre
Les montagnes se lèvent brusquement
Et un lac surgit devant moi.
Tu es assise au bord
Et tu jettes la pierre sur la lune tombée dans l'eau.

Si ces voitures maudites n'existaient pas
Je marcherais des lieues
Avec un foulard bleu en guise de souvenir.

Si ce courriel maudit n'existait pas
Je t'écrirais une lettre
Avec dans l'enveloppe la plume de paon.

L'amour, il faut l'entraîner quoique de force
Dans les pages des livres anciens
Et commencer
Par les œillades furtives sur le chemin de l'école.

Ziâ Qâsemi

Insomnie

Ouvre la lucarne de mon esprit
Une abeille y tourne autour d'une fleur
Dis-lui de bourdonner tout doux
Je veux dormir
Si le bruit de cette maudite télé me le permet.

Les lampes de la rue sont allumées
Dans ma tête
Quelqu'un tourne la Terre d'un doigt
En Afrique, des hommes maigres
Descendent au sombre d'une mine
Je veux dormir
Si le bruit de cette maudite télé me le permet.

Le charretier fouetta son cheval
Nietzsche courut
Embrassa le cheval et s'évanouit
Bouddha dit : « La vie est une rosée
Glissant d'un pétale de fleur »
Qui est cet être
Dans mon esprit, assis dans le train de Berlin

Et dont le visage n'apparaît pas ?
Je veux dormir
Si le bruit de cette maudite télé me le permet.

Un corbeau chante en haut d'un pin :
Du ciel de Kaboul
Tombe la neige
Comme tombent les roquettes
Je me souviens du poêle sans bois de mon père
Et Trump ne veut pas soulever sa charogne de la chaise
Où pourraient-ils passer
Ces milliers de manchots perdus au pôle Sud ?
Je veux dormir
Si le bruit de cette maudite télé me le permet.

Calme cette abeille
Éteins les lampes de la rue
Ne laisse personne tourner la Terre
Attrape le fouet des mains du charretier
Chauffe la maison de mon père
Montre-moi le visage du voyageur de Berlin
Donne des nouvelles des manchots perdus
Je veux dormir
Si le bruit de cette maudite télé me le permet.

À mon ami cinéaste, Ali Hazara

Explorateurs de chagrin

Nous sommes des Robinson sans île
Perdus dans notre solitude
Attendant
Les retrouvailles
Il n'y a ni mer
Ni canoë
Mais du travail, des loyers, des factures d'électricité
Et un tas d'affligeantes nouvelles venues d'Afghanistan.
Parfois, nous nous réjouissons de ce qui arrive ailleurs
Par exemple, toi, des victoires de la Juventus
Ou moi, de celles du Real Madrid
Mais le chagrin dépasse tout.
Quand le petit Aylan se noie dans les eaux de la Méditerranée,
Il faudrait quelqu'un pour dévier nos regards des flots.

Quand Farkhonda[1] est brûlée vive à Chah-e do Chamchira,
Il faudrait quelqu'un pour apaiser la brûlure de nos cœurs.
Et quand, comme aujourd'hui, je te manque
Quand toi aussi, tu mets en poème le deuil de treize mineurs assassinés,
Je sais que tu pleures à chaudes larmes,
Loin des yeux de Kebria, de Kabir et de ton petit Kian.
Moi, je n'arrive plus à écrire
Ces derniers mois, mes mots ont tant pleuré les martyrs de Dehmazang,
Qu'ils en ont la voix éraillée.

Ils peuvent bien nous traiter de lâches sur Facebook et prétendre
Que nous avons la belle vie et qu'il est facile de parler !
Je sais que toi, quartier Montparnasse,
Au cœur du beau Paris

1. Farkhunda, ou Farkhonda, fut lynchée et brûlée à l'âge de vingt-sept ans le 19 mars 2015 à Kaboul par une foule l'accusant de blasphèmes. Cela a créé une vague de manifestations et de réactions dans la société, en particulier de la part des femmes qui ont porté le cercueil de Farkhonda et l'ont accompagnée jusqu'à sa demeure éternelle.

Tu portes sur ton dos
À chaque sommeil, à chaque éveil,
Un Afghanistan de douleur.
Et tu sais que moi, à Söderfors,
Près d'un des plus beaux lacs du monde,
Dès qu'est annoncé un attentat à Kaboul,
Ce sont mes propres cendres que je recueille sur le sol de ma maison.

Cher Ali, nous sommes des Robinson solitaires,
Des Christophe Colomb, des explorateurs de chagrin.

Les morts

Les cercueils noirs
Entrent par les quatre coins de la ville
Faites une place
Aux morts
Dans les parcs
Dans les bus
Dans les cafés et les restaurants
Mettez une chaise
Dans les rues
Des signaux et des lignes spéciales pour les piétons
   disparus.

Apprenez à vos enfants
À ne pas craindre ces visages attristés et amaigris
Ils sont inoffensifs
Seulement il se peut que
Celui qui est mort dans un accident de la route,
Désorienté, aille chercher la police de la
   circulation
Celui qui s'est noyé
Veuille appeler sa bien-aimée

Depuis votre téléphone
Il se peut que l'un d'eux
Coure après un papillon
À un carrefour très fréquenté
Il se peut qu'un autre
Termine sa longue marche par des sanglots incessants
Pourtant bientôt tout redeviendra normal
Bientôt
Ils vivront
À côté des vivants
En paix et en sérénité.

Ton souvenir dans les rues

Je referme le journal
Je sors de la maison
Et j'emporte avec moi ton souvenir dans les rues
Le long des routes
Aux arrêts d'autobus,
Les passants
Froids et silencieux
Se dérobent à ma vue.

***

Le parfum de ma nostalgie
S'échappe dans tout le bus
La vapeur recouvre les vitres
Je m'assieds sur le siège
Tout près de ton chagrin
Et les arbres se dérobent à ma vue
Je sens l'odeur de la poudre à canon
En moi retentissent les bruits des fusils des
  fusées
En moi résonne le cri des soldats blessés

Des femmes qui se lamentent
Et les arbres fuient
Les passagers aussi
Qui bavardent
Lisent les journaux,
Puis referment les fenêtres.

***

Dans le parc triste et désert,
Des corbeaux sur les branches,
Des corbeaux sur les bancs
Au vent froid de l'automne
Les feuilles ont oublié les arbres.

***

Ô ! Ma patrie !

Ton souvenir me plonge dans un monde,
Errant
Parmi les avenues et les voitures
Les feuilles jaunes
Et les corbeaux
Absorbé par les ondes des radios
Et les titres épouvantables des journaux.
Ton souvenir me plonge dans une prison
Où à la solitude s'ajoutent

Chaque jour et chaque nuit,
Vingt-quatre barreaux de tristesse

***

Dans le parc monotone et froid
Je tremble et je pense à toi
À tes sommets tournés vers le soleil
À tes plaines qui s'étendent jusqu'au ciel
À Balkh et à Bamiyan
À ton savoureux Kandahar

En moi retentissent
Le bruit des fusées des fusils
Des pleurs et des plaintes
Les bruits des enfants
Dont les os, devenus de frêles branches,
Servent de bûches pour le feu des généraux
  enivrés
Et des commerçants prospères du bord du Sind.

***

Dans le parc triste et silencieux,
Le vent emporte les feuilles
Et les corbeaux
Me fuient.

SHUKREA ERFÂNI

Je suis monde

Caresse mon corps
Qui est le haut et le bas du monde
Je t'appelle à mon corps
Et je te comble de l'amour.

Prends-moi dans tes bras
Unis avec le monde
Là surgit la joie
Là commence la Création
Là se glisse la mort.

Prends-moi dans tes bras et aime le monde
Avec tous ses champs de pavot et de blé
Toutes ses bombes à sous-munitions, toutes ses
  vignes
Et aime-moi avec mes chagrins et mes joies.

Je suis un monde qui t'appelle à moi
À ce que tu touches ma nudité
Afin que la vérité des versets divins se révèle à toi.

Aucun prophète ne porte son aimée vers les cieux
Moi, je suis ciel
Je suis terre
Je suis mer
Et toi, c'est dans mes bras seuls que
Tu deviendras éternel.

À Sanâ, ma petite fille

Berceuse

Je porte ton berceau
Je l'emmène dans la cour
Je le pose dans le petit jardin sous le ciel
Et je te berce, tournée vers la pleine lune
        L'Orient
                L'Occident
L'Orient
                L'Occident
Au son de ma berceuse tous les enfants du monde
    sombrent dans le sommeil.

Je te reste fidèle

Je te reste fidèle
Non qu'un autre amour
Ne fasse frissonner mon cœur, mes mains
Mais l'eau pourrait-elle se retenir de couler ?

Je te reste fidèle
À chaque fois
Qu'un autre amour fait frissonner mon cœur,
  mes mains
Je me retrouve pour une première fois dans tes
  bras.

La recherche

À quelle frontière
Derrière quels barbelés
T'a-t-on fusillé ?
Dis-le-moi
Dans quelle mer
Ton sang
A-t-il assouvi jusqu'à la moelle
L'avidité des requins ?
Dis-le-moi
Dis-moi où on t'a tué ?

Pour te retrouver,
J'ai écumé les journaux du monde entier,
Toutes les tombes anonymes,
Tous les bars,
Tous les seins de toutes les prostituées,
Pour te retrouver,
Malgré l'interdiction
Faite à mes bras nus
D'être ta patrie,
Pour que chaque soir

Je t'offre asile
En ma terre humide
Et pour que chaque matin
Tu ouvres les yeux
Sur le lever du jour
Entre mes seins
Sans plus craindre
Qu'une guerre
Ne te retire de moi.

Je me suis tenue debout
Prête à être fouettée,
Déchirée,
Enterrée à ta place
Dans les tombes anonymes.

Je me suis tenue debout
Pour que toi
Seul
Choisisses
Mes bras nus pour patrie.

Tu n'en as pas voulu
Et on m'a abondamment menti
Je ne t'ai jamais retrouvé.
Mon corps
À présent
Est une prison obscure

Où mille fois par jour
Un fou se pend
Sans pouvoir mourir.

Amou

J'avais dit :
Amou[1] est une rivière morte
Sans sirènes
Et cette évasion
N'aboutira pas aux eaux libres.
Pourtant nous nous sommes jetés à l'eau.

Maudit soit
Ton mal de mer !
Tu vomis.
De tes intestins se répandent sur la page
Les mythes des djinns et des ondines
Mes mots
Se perdent dans le fiel de tes rêves lointains.

On dit que la guerre est terminée
Mais toujours
Les missiles nous suivent.

---

1. L'Amou-Daria est un fleuve qui naît dans les montagnes du nord de l'Afghanistan.

Pourtant
Tout est calme rien ne bouge.

On dit :
Des fous se sont jetés à l'eau
De cela des années
Et Amou chaque matin
Pareille à une femme enceinte
Vomit sur les rives
Et le sang et la bile.

Rezâ Mohammadi

Voyage en mer

À tes paupières, tu colles un coquillage
À tes cils, du sable
Ton visage est une mer féerique
Peuplée de vagues, de poissons et de bateaux
Emplie du chant des marins et des pêcheurs
Tes deux lèvres… deux oiseaux de mer
À la rougeur de l'aube.

À tes paupières, tu colles un coquillage
À tes cils, du sable
Ton visage est une mer
Dans laquelle se sont noyés bien des bateaux
Des bateaux chargés de rêves
Des bateaux chargés de crainte
Son eau a l'odeur d'un être défunt
Celle des migrants disparus
Pourris par la tempête
Par la crainte
Par la police…

Ton visage est une mer triste
Bien des photos de maison, des photos de famille
Bien des lettres d'amour, des lettres d'amants
Se cachent derrière
Avec les rêves, les poèmes et les cœurs
Tu ouvres les yeux desséchés
Deux poissons assoiffés y glissent.

À mes paupières, je colle un coquillage
À mes cils, du sable
Pour dire que mon visage est une mer
J'ouvre mes paupières
De là
Deux escargots malades
Glissent
Vers le dehors…

Destin

Je suis une pluie importune
Que les rues ne comprennent pas.
Je suis un passé lointain
Où les esprits de tous les morts
Voyageurs anonymes marins reconnus
Sont enterrés.

Je suis une parole exilée
Que fuient les enfants,
Qu'abandonnent les poètes.

Je suis le visage arraché d'une statue de Bamiyan
Qui, de navire en navire,
Dérobé de sa patrie,
Irait de main en main.

Je suis un chacal mort
Dans les rues de Londres
Que les éboueurs ont délaissé.

Naître une nouvelle fois

Nous naissons une nouvelle fois au monde
Dans les veines colorées d'un nénuphar sur l'eau
Une nouvelle fois au monde
Dans les veines âpres d'un serpent du désert
Une nouvelle fois au monde
Dans la salive d'un cheval
Monté par un *tchopendoz*[1].
Agrippant une chèvre demi-morte
Nous naissons
Avec cartilages, os et articulations
Nous naissons
Avec l'imagination des papillons nés avant nous
Avec les rêves des pigeons endormis au bord
  des toits turquoise
Nous naissons
Pour découvrir à nouveau les feuilles des arbres
Le goût des raisins
L'odeur des jardins de fruits secs

---

1. Un *tchopendoz* est un cavalier pratiquant le bouzkashi, jeu équestre populaire en Asie centrale.

La couleur mûre de la grenade
Le fer et la pierre
Nous naissons
Pour inventer les crimes du fer et l'éclat de la pierre.
Les sauterelles se sont alignées
Elles écoutent la voix d'un tambour au lointain.
Les fourmis se sont alignées
Elles écoutent
Nos pleurs.
Après nous, le khôl est né
Puis la huppe
Puis l'arbre
Et enfin le pissenlit.
Alignés depuis le lieu qui nous a vus naître
Nous prenons la route
Pour croire à la prophétie du pissenlit
Qui connaît l'heure de la chandelle
Et nous nous convertissons
Nous naissons une nouvelle fois
Une part en Inde, une autre dans le désert du Hijaz
À la recherche d'une moitié
Née à Ispahan dans un fossé
Et de nouveau
Le nom du vent
De nouveau le nom de la pluie

De nouveau nous apprenons à nommer le
printemps et à nommer l'été
De nouveau nous fouillons de fond en comble
toute chose du monde
Et nous découvrons la mort.

ELYAS ALAVI

Fasse le ciel que les raisins mûrissent

Fasse le ciel que les raisins mûrissent
Que le monde s'enivre
Que les rues titubent
Que se heurtent les épaules des présidents et des mendiants
Que les frontières s'enivrent
Que Mohamad Ali retrouve sa mère dix-sept ans après
Et qu'Amena caresse les rides de son enfant dix-sept ans après.

Fasse le ciel que les raisins mûrissent
Que l'Amou-Daria vomisse ses beaux garçons
Que l'Hindou Kouch libère ses filles
Que pour un instant
Les fusils oublient de briser
Les couteaux oublient de frapper
Les plumes n'écrivent plus le « feu »
Mais « cessez le feu ».

Fasse le ciel que les montagnes se rencontrent
Que la mer s'accroche au ciel
Et en attrape la lune
Qu'entrent dans la taverne les panthères et les gazelles
Fasse le ciel que l'ivresse contamine toute chose
Que les fenêtres brisent les murs
Et que toi
Lorsque tu embrasses ton amour avec ardeur
Tu te souviennes de moi.

Ma bien-aimée
Ma si lointaine aimée
Allons boire
À la santé des jardins florissants de raisins.

Chante pour moi Mohammad

Chante pour moi Mohammad
Je veux revenir
Descendre la vallée
Que devant moi se dressent les champs de blé
Les abricotiers
Et les fleurs de pavot
Que le vieil homme chante le *Livre des Rois*
Que la femme porte la lanterne du balcon à la chambre
Et que notre regard plonge dans la flamme.

— Non, arrête !
Ce n'est pas l'histoire
Il faut que quelque part un fusil tousse
Qu'une plante se fane
Qu'un champ brûle
Et que nous nous évadions dans la nuit
De Barghas à Kandahar
De Quetta à Machhad.

***

Chante pour moi Mohammad
Pour que je n'oublie pas
Notre triste quartier
– j'avais honte de prononcer son nom –
« Dahmetri-ye Sâkhtemân »
« Bâtiment des Dix-mètres[1] »
Les « Dix-mètres » des Afghans
Des gitans
Des Baloutches
Les « Dix-mètres » des dettes
Des camps
Des autorisations de sortie.

« Toi l'Afghan !
Où as-tu la tête ? »
Dit un enfant
Qui vient tout juste d'apprendre à parler
Et moi j'ai peur
De Golshahr[2] à Varamin j'ai peur
Et les enfants rient de mon accent.

---

1. Bâtiment des Dix-mètres est la traduction du nom du quartier Dahmetri-ye Sâkhtemân, situé en banlieue sud-est de la ville de Mashhad, au Khorassân central. Un nombre important d'immigrés afghans vit dans cette banlieue marginalisée

2. Golshahr : renvoie à une banlieue de l'est de Mashhad où habite une communauté importante de réfugiés afghans.

Je regarde mon visage dans le miroir
Mes yeux en amande
Qui m'excluent de la file d'attente pour le pain
Et révèlent la distance entre la maison et la frontière
Comme un Juif dont le nom
Écrit la distance entre le camp et la mort.

***

« Le printemps, l'Amant et mon cœur impatient »
Oui, chante fort Mohammad !
Pour que mon aimée t'entende par-delà le béton et les barbelés
C'est dans ces mêmes rues étroites que nous sommes tombés amoureux
Avec douceur nous avons marché
Avec douceur nous avons ri
Avec la même douceur nous nous sommes perdus.

***

Moi, j'ai obtenu un visa humanitaire
Et je suis exilé dans cette île lointaine
Mohammad !
Parfois je ne reconnais pas ces rues

Les eucalyptus me montrent du doigt
Et la nuit
Un oiseau inconnu frappe à ma fenêtre
Et d'un chant triste me dit :
« Étranger… étranger. »

Je veux me retrouver
Te retrouver toi parmi les corps ensevelis dans
les fosses communes
Retrouver mon aimée au-delà des murs d'exil
Chante Mohammad
Que la femme de cette histoire m'appelle de
l'iwan
Et que je coure de toutes mes forces !

Je ne la croirai pas

Mon amour
Lorsque la mort viendra te chercher
Qu'elle ait le visage de la maladie
Ou celui du froid
Et non la forme brutale de l'attentat.
Que tu aies le temps de revivre tes souvenirs,
De contempler ton corps
Et préparer ton départ.
Lorsque tu sortiras de la maison
Que nous ne retrouvions pas seulement tes
chaussures
Mais que nous retrouvions tes mains
Que nous retrouvions ton sourire
Que nous retrouvions ton regard.

Si je ne vois pas ta mort
De mes propres yeux
Si je ne sens pas ton dernier souffle
Si mes doigts ne ferment pas tes paupières
Jamais mon corps ne saisira ton départ
Jamais je ne la croirai.

Tresse tes cheveux, Shahnaz !

Le vent joue sa mélodie
La plage lasse souffre dans l'attente
Les marins épuisés fredonnent son chant
La mer est un vin doux
Quand tes blés sont à l'aube du printemps
Les navires retournent au port
Tresse tes cheveux, Shahnaz !

***

Des vérités amères :
Les jours, les mois,
Quand notre terre est de quelques arpents
Et quand notre ciel est infini
Comme les fruits de ton champ en été
Avec les vagues, je t'envoie
Mon désir
Le cœur du marin est épris tout comme sont
éprises les vagues de la mer
Lorsque je pense à toi.

Les navires s'approchent du port
Tresse tes cheveux, Shahnaz !

***

L'hiver est proche.
Nous rentrons à la maison
Chargés d'or et de soie.
Les rares poissons reposent sur le pont,
Après une vaine lutte.
Viens à la plage et écoute
Mon cri est pareil à celui des sirènes de navire
Lorsque la nuit la mer privée de progéniture
Se soulève de douleur.

***

Les navires sont amarrés au port
Mais personne n'est là pour te faire signe.
Tresse tes cheveux, Shahnaz !
La mer est calme
Et le restera jusqu'au réveil d'autres marins.

Karima Shabrang

Terre de femme

Dans le miroir je regarde ma féminité
Les larmes coulent
Au sein des feuilles vertes
La souffrance
Pas à pas
Roule
Dans les veines de la vie
Pourtant
Mes espoirs
Germaient
Marchaient
Traversaient tous les hauts murs
Afin qu'au matin
Mon visage se dévoile au ciel
Sous le sourire du soleil.

Je suis une femme
Une femme
Qui ne pleure pas ses souffrances
Mais les raconte aux fleurs du bambou,
Dans le coin de la chambre

Pour qu'elles restent dans la mémoire de la forêt
Et que ressuscite à chaque instant
Par chaque brise fraîche
Le chant de la liberté
Au cœur d'une terre de femme.

Les rêves des femmes
Comme des oiseaux libres
Sont confiés au ciel
Un jour peut-être,
Ils retourneront au nid
Puissants et tendres.

Mais moi,
Je confie chacun de mes jours au sourire du
lendemain
Et ce poème
Est un souvenir
Inscrit dans la mémoire des plantes
Dans la mémoire de la forêt.

Thé amer

Mon frère boit du thé
Pareil à son propre destin
Toujours vert
Toujours clair
Mais le mien,
Toujours amer
Toujours noir
Pareil à quel destin ?

Mes poèmes sont remplis de péchés

On dit que mes poèmes sont remplis de péchés
Car ils coulent, tout nus, au pied d'un rebelle
Qui n'a jamais accordé foi à son existence.
On dit que mes poèmes sont remplis de péchés
Car j'écris « mes seins brûlent de la soif de son étreinte ».
Le printemps m'envie
Lorsque le parfum de mon corps enivre toute la ville
Mon corps se dénude
Pareil aux arbres de l'automne
Et tombe dans les bras humides
L'âme du Christ coule dans son corps
Il se vivifie de nouveau
Du bout de mon lit, j'enlève tes fatigues
Ma force se déverse goutte à goutte
Sur le cahier abandonné de la vie
Non, ce n'est pas un mensonge
D'un baiser imaginaire, je tombe enceinte de poèmes
Ma langue est bien pécheresse

Si seulement Dieu envoyait un prophète
Pour propager ma langue et ma confession !
Mes adeptes ne seraient pas indignes
Ne lapideraient pas leur prophète
On dit que mes poèmes sont remplis de péchés
Je parle de la soif des baisers
De l'éloquence de l'étreinte
Du frisson du rendez-vous
Je parle du désir de s'assoupir dans une étreinte humide
On dit que mes poèmes sont remplis de péchés
On me scelle le sarcasme au visage
Laisse les dévots masqués de la ville me lapider
Laisse la une des journaux me condamner
Moi, je suis femme
Femme libre
Femme nue, avide de baisers
J'apaiserai l'âme emprisonnée
Des jeunes femmes de ma ville
Laisse le monde hostile crier
Mes poèmes sont remplis de péchés.

Mille fenêtres

La nuit, dans ma chambre
S'épanouissent mille fenêtres
Mais il ne reste plus d'espoir battant dans mon cœur.
Peu à peu, des lâches sans âme
Ont fusillé mes liens avec le monde.
Mon cœur est telle une mer calme
Aux profondeurs agitées d'une révolution amère
Et seuls les poissons purs murmurent son long air de nostalgie.
Me voici, moi
Qui victorieusement
Grave la croix de mon rêve sur le visage des pierres
Mon Dieu
Que fait ton prophète censé nous unir
Quand, dans notre petit village, je me fais lapider au pied de la montagne ?
Mes respirations profondes font crier la vallée
Et des yeux insensibles
Répondent à mes tourments par des rires amers.

Jamais je n'aurai peur
Lorsque sourit une éternelle victoire
Dans la taille de mes mains levées et fermes
De ma fenêtre, j'ai vu le siècle prochain de notre temps
Conquis par le pouvoir de ma pensée
« Et l'injonction la plus sacrée
Au royaume de ma poésie est un vif baiser te gardant vivant dans les mémoires »
Je me réveille
Grâce à un oiseau qui chante le concept du miroir
Je remplis ma journée de sérénité et de jouissance.

Dans l'intime solitude d'une nuit
J'offrirai aux filles pures, mes lignées-sœurs,
Le dictionnaire le plus vierge de l'amour.

De ma fenêtre, j'ai vu le siècle prochain de notre temps.
Ô filles futures !
Savourez chaque instant
Car l'amour de mon temps ne jouissait pas d'une bonne réputation.

MUJIB MEHRDÂD

Qu'a-t-elle la guerre ?

Hormis les statures tremblantes
Revenant d'une route brumeuse
Les vaines et vastes prairies
Une maison
Sur le toit de laquelle est tombée
L'ombre éternelle d'un nuage
Hormis l'éternel silence des oiseaux au balcon
Qu'a-t-elle la guerre ?

Celui qui, aveugle, dort dans la tombe
L'éclat de la médaille ne l'a pas ébloui
Hormis le lever du soleil sur les falaises et les prairies
Hormis le coucher du soleil sur une tombe
Qu'a-t-elle la guerre ?

Les barricades conquises
Avec des cris
Les barricades conquises
Avec les yeux en larmes

Qui ont perdu à jamais les couleurs des choses
Hormis les barricades conquises
Qu'a-t-elle la guerre ?

Ruelle des Dauphins

Ah si seulement arrivait une mer
Dans les rues de Kaboul
Avec des poissons peu importe leur couleur
Ah si seulement une mer
S'effarouchait et
Menait de force les dauphins dans notre ruelle
Et qu'elle devenait
La ruelle des Dauphins.

Ah si seulement arrivait une grande mer
Dans les rues de Kaboul
Pour que les guerriers
Soient contraints
De quitter notre ville
À la nage.

Ah si seulement la ville de Kaboul des années
 après
S'enfonçait sous l'eau pour y demeurer des siècles
Et que les mousses s'accrochaient
Aux fenêtres hautes des maisons

Au canon des chars
Aux tables et aux chaises des cafés
Et qu'elles ondulaient
Au gré de la brise
Qui dans notre quartier se serait glissée sous l'eau

Ah si seulement depuis les temps anciens
Le banc des petits poissons espiègles
Traversait la fenêtre de notre maison.

Ah si seulement nos sœurs
Étaient des fées de la mer
Et qu'à la place de nos mères
Les dauphins tombaient enceintes.

Source

J'ai fui la mer
La mer au-delà de la montagne
J'enfonçai ma tête sous les pierres
Sur un terrain caillouteux
Pour cheminer vers un village
Des années durant, je suis resté sur le terrain caillouteux
De nombreux scorpions passèrent sur moi
Leur crochet pouvait à tout instant inciser ma peau
De nombreux serpents me dévisagèrent
J'attrapai la variole, j'eus de la fièvre
Des années durant, je me suis acheminé
Au milieu du terrain caillouteux et des pierres
J'ai rempli nombre de trous
Je suis passé sur nombre de pierres malgré ma maladresse
Pour atteindre le village
Je suis une branche rebelle

Je me suis cogné à un champ de pierres habité
de bêtes rancunières
Pour que les villageois disent
« On va à la fontaine »
Comme ils diraient « on va au bord de la mer ».
À présent, les villageois aiment la fontaine
Ils savent qu'une mer passe au-delà de la
montagne
Je désirais tant d'épreuves
Pour atteindre le village
Pour que les filles chantent, chaque matin, autour
de moi
Qu'elles racontent leurs secrets
Et qu'elles me répandent sur leurs visages.

Ebrâhim Amini

Oublie-moi

Renonce à moi, ô ma terre ! Oublie-moi !
Quitte ma mémoire ! Oublie tout de moi !
Attendre que tu deviennes à nouveau une
roseraie ?
Je n'aurai plus jamais cette patience !
Oublie-moi !
Ne chante plus près de moi !
Mon esprit s'est détaché de tout, oublie-moi !
Tel le vent se glissant dans une fissure
Je me suis échappé vers les plaines
Et toi, ô robe déchirée, oublie-moi !
Comme au temps où dans la maison de Rûmi
Tu plantais hashish et opium, oublie-moi !
Toi, tu connais les effets fatals de la patience
Acquiesce donc d'un signe de tête,
Oublie-moi !
Telle une lanterne qui s'éteint faute d'huile
Ô redoutable lieu d'injustice, oublie-moi !
Telle une brise qui courut et succomba
Au-delà du col de Khâvâk, oublie-moi !

Une flamme encore vive me consume,
éteins-moi !
Ô platanes ! ô prairies, ô vignes !
Oublie-moi !
Éloigne-toi de moi, loin, très loin
Je suis harassé
Laisse-toi oublier,
Oublie-moi !

Étranger

Moi, ici, je suis étranger à l'aune de mon bonjour
Étranger à l'aune de mon nom une fois
prononcé.

Lui, là-bas, il est exilé à la marque de sa langue
Exilé à la mesure de sa patience, de sa puissance.

Moi, ici, je me suis coupé de l'espoir, de la
lumière
À tout ce qui me perpétue, je suis étranger.

Lui, là-bas, au milieu de mille amis et
connaissances
Aux yeux de ses compatriotes, il est exilé.

Ici chacun s'appuie sur sa propre patrie
Moi, qui suis connu de tous, je suis étranger.

Lui, là-bas, confronté à la dignité enfouie
Avec ses morts et ses veuves, il est exilé.

Moi, ici, je suis étranger à cette même ombre
Qui me suivait pas à pas avant le crépuscule.

Aux yeux des miroirs qui tombèrent
Sous les griffes de ce monde sale, je suis étranger.

Celui qui tomba de l'aile de l'avion
Son jardin emporté dans le vent, il est exilé.

Ô combien je suis dégoûté par cette abondance
de connaissances
Que m'importe qui je suis, je suis étranger.

Lui, où qu'il aille, où qu'il s'installe
Je le jure, son monde est exilé.

Laisse chacun dire son propre mot
Ces jours-ci je suis étranger à l'aune de tout mon
être.

À mon fils Parhâm

Mon majestueux jardin

Détruit, sombre et amer, tel est ce siècle
Ô la douceur du père !
Mon majestueux jardin, puisses-tu foisonner de
printemps.

Tu longeras mille et une ruelles aux portes
closes
Ne t'arrête pas, fatigué, à chaque porte
Toi la clé des portes du père !

Sache quitter le monde et te retirer
Si le conseil du père un jour atteint ton oreille.

Ton père ne possède rien que le poème
Ne suis point sa passion inconvenante.

Me séparer de la patrie m'a tranché la gorge
Telle la flûte du roseau arraché de la roselière
Ne joue pas de ce roseau pour ne pas faire crier
la chair du père !

De Balkh, de son horizon n'est restée d'autre
voix que l'appel à la prière
Le Hirmand de ton père coule vers les ténèbres.

Ton avenir ta jeunesse ne les regarde jamais
Dans le miroir de l'âme tourmentée du père.

Ô toi, ouverture, toi qui dénoues la mélancolie
du père
Toi, jeune pousse du père, félicité de ses trente
ans.

Lima Aafshid

Perdue

Perdue et souffrant d'amnésie
Mère ! Qui suis-je ? Où, dans quel coin du monde ?

Mère, je suis la brûlure du deuil qui s'abat sur ta poitrine
Mère, je suis le sang qui afflue sur la carte du monde

Un chemin m'enserre
Et mes veines s'étirent tout autour de la terre

Arrache ce chemin visqueux de mes pieds
Mère ! ordonne à cette errante le retour

Sur notre terre de guerre et de folie, Kaboul
La plus fabuleuse tragédie de l'Histoire

Mère ! Rappelle-moi dans mon village
Pourquoi d'ailleurs préférer ces grandes villes ?

Coupée de mes racines,
Que ferais-je sur des terres précieuses et fertiles ?

Si seulement l'homme pouvait emporter avec lui
Son pays, comme de jeunes violettes[1]...

Mais un matin, mère, tu as dit « j'ai fait ta valise »
Alors j'ai embrassé le torrent de tes larmes

Et toi, de tes propres yeux tu as vu partir ta chair
S'envoler dans les nuages tout ton monde

Mère
Le néant nous a emportés
Et la maison s'enfonçait
Abandonnée à la musique des fusillades et de
 l'appel à la prière.

---

1. Référence aux vers de Mohammad Rezâ Shafii Kadkani, poète iranien contemporain : « Ô si seulement l'homme pouvait/ Comme des jeunes violettes/ Emporter avec lui son pays/ Là où il le souhaite. »

Ô fille

Aux pieds de la personne qui te quitte
Comme tu deviens poésie, fille !
Transforme tes larmes en khôl
De tes larmes, tire ta force, fille !

Retourne en toi et cache-toi !
La ville est l'apanage des criminels
Renonce à tout autre que toi-même
Jusqu'à des temps meilleurs, fille !

Ô femme impérieuse ne te brise pas !
La chance, cette fois, a été ton ennemie
Pour la vie qui te reste lève ton armée
Sonne la retraite, fille !

Rûmi nourrissait l'espoir en l'être humain.
Toi, dans cette jungle d'horreurs
Rêve d'être plus féroce
Que le diable emporte Rûmi, ô fille !

Sans prudence, tu embrasses le chemin de l'amour
Ô débutante ! Tu croiseras la mort !
Ralentis ton pas
Avec la course effrénée que tu mènes
Tu ne trouveras que porte fermée.

Ton cerveau se répandra dans la rue
Elle te traînera à terre
Cette folie à laquelle tu obéis !

La cavité de ses yeux ternes
Devient une rive dans le verre de thé
Elle sourit amèrement d'elle-même
Peu à peu tu te perds, ô fille !

Âme vieillie

Ma vie s'est enfoncée dans une impasse
Mon âme vieillie s'épuise, abandonnée par son
corps

Vieille et égarée… elle ne sait pas, elle ne sait plus
Où elle a laissé son remède contre la mort
volontaire

Elle est vieille et tu n'as pas vu son état empirer,
Ni la mort passer dans les couloirs vides de son
esprit

Elle s'élançait et déployait ses funèbres variations
Dans un creux abandonné de cette ville maudite

Au bord de sa tombe comme du haut d'un
sommet, ses pas se sont dérobés
Avec un sourire vers Dieu, elle faisait un signe
de la main

Devant le miroir, je vois dans la profondeur de
mes yeux
Un cadavre suspendu entre la montagne et la mer

Un cadavre dont le cri remue mon univers
Et son âme offre des os aux chiens de mes
entrailles

Elle vient dans mon lit et doucement rend l'âme,
Grand-mère lasse dépourvue de toute raison

***

Nous, nous sommes encore en vie et la mort
persiste toujours
Donnez-moi un verre que je disparaisse
Nous sommes joyeux, et de la joie de ce monde
fantoche
Seule reste une coupe vide pareille à notre corps

Afif Bâkhtari

Ville

Sur ses lèvres rien qu'un sourire diabolique
La ville, lorsque j'ai vu l'image, ne présentait rien
 d'humain

La neige tombait, tombait, tombait
Une neige si lourde, si longue, jamais vue dans
 le monde

Derrière le paysage de son poème, debout le
 poète
Avec ses rêves agités par le tourment, le désarroi

Il voyait la ville comme manifestation du texte
 de la cage
Et à l'intérieur, seul, lui-même, prisonnier

Aux yeux de l'homme resté solitaire
La vie, à chaque instant, n'était qu'accablement

Le poète ferma les yeux, rentra dans sa coquille
Dans son cœur rien que le sentiment de la ruine.

Voyageur

Ah si seulement dans le train où je serais voyageur
Je me trouvais à ton côté dans le dernier wagon

Dans les hôtels par le monde ? Non, je ne les désire pas.
Que je fasse le tour de mon propre monde et que je reste poète

Que je ferme mon baluchon au début de chaque année
Que je sois une hirondelle migrant sur le toit des maisons

Je construis des rôles – toi à ma place, moi à la tienne
Que je sois un acteur qualifié pour ton rôle

Dans ce silence où les chiens craignent leur propre ombre
Comment pourrais-je rester en paix ? Qui pourrait l'être ?

La mort est un film dont je dois être
Le spectateur
Perpétuel
Perpétuel
Perpétuel…

Derrière la solitude

Derrière ma solitude qui s'est caché ?
Mon cœur fuit même sa propre ombre.

Deux jours à peine se sont écoulés depuis le
  nouvel an
Que l'hirondelle s'est envolée, l'hiver est arrivé.

Le vent s'est apaisé
La feuille jaune abandonnée sur les pavés
Pourtant conte des récits de ruines et de pertes.

Brisé et tumultueux, mon cœur triste
Est une fleur rouge piétinée sous les bottes.

Sans toi, sans l'aurore de ton corps
Tristement je me consume
Telle la bougie allumée dans la niche.

Nulle trace du passage des étourneaux
Les fenêtres débordent de corbeaux.

Si des pleurs apparaissent derrière mon sourire
C'est un sourire narquois et piquant à notre
perfidie.

Khâleda Forough

Si tu rencontres la liberté

Nous étions privés de lampe
Plongés dans des années de ténèbres
Au cœur des nuits où la lune
Était un flambeau errant
Et le ciel, gorge ouverte de mon temps,
Une ruine silencieuse.

Nous étions privés de lampe
Mais nous, marcheuses acharnées,
Dans les rues lézardées par une liberté perdue
De nos yeux, nous avons cherché cette étoile,
Jusqu'au dernier soupir de notre souche

Nous sommes devenues des mythes
Comme le lever du soleil l'est devenu
Nous avons poursuivi cette étoile
Nous ne l'avons pas vue.
Si un jour tu rencontres la liberté,
Souviens-toi de nos yeux !

Terre natale

Je l'aime, mais
Ville oubliée
Elle n'a dans les mémoires
Ni éclat ni splendeur
Village sans arbre
Rivière sans eau, regorgeant de poissons morts
Une maison où rien n'est à sa place :
Les livres dans la buanderie
Les assiettes et les cuillères dans la bibliothèque
Et dans sa cour flânent les lézards.

La guerre, la guerre et la guerre encore
Lui saisit le cou
Elle parvint à s'arracher un peu des griffes de la guerre
Et courut, courut
La guerre, la guerre et la guerre encore
Lui agrippa les cheveux
Déchirée en mille morceaux
Blessée sur les grandes routes

Cette patrie n'a plus de gorge pour libérer
son cri
La guerre, la guerre et la guerre encore
Ma terre natale fut pétrifiée.

Je l'aime mais
Elle ne m'a pas protégée
Elle n'est plus que ténèbres
Je suis sa lumière, je suis sa *Forough*[1].

La liberté coule dans mes veines
Cette terre natale n'a pas nourri ma robe de
liberté,
Pourtant, je l'aime.
L'amour témoignera
La liberté débordera de mes veines
Abreuvera ma robe, elle en sera noyée
Je suis sa *Forough*, je suis sa lumière
J'effacerai son oubli des mémoires
L'impossible n'existe pas
Avec moi, la terre natale renaîtra dans les
mémoires
Elle sera chant, louange
Terre natale,

---

1. Jeu de mots sur *forough* qui signifie en persan « la lumière » et qui est aussi le nom de plume de l'auteure.

Watan[1] *watan watan*
Tant que les mots seront encore vivants.

1. *Watan* est le terme commun pour désigner la terre natale en persan, mais également en arabe, ourdou, turc, kurde, pashto. *Watan* représente le lieu où l'on est entouré de la famille, des siens, où on a grandi. C'est le bercail, chez soi, la patrie.

Dans les ruelles du masnavi[1]

Lorsqu'en avril la poésie s'épanouit en moi
Le cœur de l'arbre se met à battre
Je ressens
L'éclat de ses feuilles
J'entends
La respiration des jardins de la vie
La nature coule en moi
Le ciel me devient ami
Et fait scintiller vers moi ses mains remplies
d'étoiles
La nuit où je chante la poésie
Je découvre le secret des bras de la montagne
Et son pas ferme
Qui pareil à Siâvash, prince innocent,
Traverse le feu de la confiance du temps

---

1. *Masnavi* renvoie au titre de l'œuvre clé du poète persan né à Balkh, Jalâl-al Din Rûmi (1207-1273). Le *masnavi* désigne également une forme poétique en poésie persane.

Pour rejoindre Faranguis[1], son amante.
La nuit où je chante la poésie
Je deviens martyre
Le sang de mes mots ravive
Le sentier de la culture.

La nuit où je chante la poésie
Avec Rûmi, poète du bonheur,
Je joue la flûte du roseau
Et pleure la séparation[2]
Dans les ruelles du *masnavi*.

---

1. Référence à l'épreuve du feu de Siâvash, héros du *Livre des Rois*, ou *Shâhnâmeh*, de Ferdowsi, poète persan du xe siècle. Siâvash doit traverser les flammes d'un bûcher, pour prouver son innocence dans l'histoire des accusations faites par Soudâbeh, la belle-mère de Siâvash. Il épousera plus tard Faranguis, la fille du roi Afrâsiâb.

2. Allusion au premier vers du *Masnavi* de Rûmi : « Écoute la flûte du roseau, écoute sa plainte/ Des séparations, elle dit la complainte » (trad. Leili Anvar, *Rûmi : la religion de l'amour*, Points, 2011).

Soleil généreux

Quelle année insipide
Les gens indignes
Ne perçoivent ni n'accueillent le printemps
Les gens indignes
Lapident le printemps
L'heure de la fraîcheur.
Alors, demeure le temps froid du souhait
Le temps de mourir
L'intrépide
Fera jaillir la fontaine de la vie
Pour les assoiffés à demi morts.
On parle de la nuit
Une nuit étrange
Tous ont dormi désœuvrés dans l'obscurité de ces heures
Une nuit étrange
Et je dis :
La nuit,
J'offre le clair de lune
Aux maisons sans fenêtres
Aux maisons où les ténèbres règnent

La nuit,
Je suis la poète des arbres
Qui s'élancent dans la nature majestueuse
La nuit,
La mosquée de mes yeux
Convertit toutes les étoiles héroïques et
singulières,
Et tous les incroyants.
La nuit,
Le sommeil me fuit jusqu'à l'aube
En souvenir de ton soleil généreux
Et mon destin dévoile l'éternité
Et toi
Toujours tu mets en route la caravane de la
raison
En quête de Dieu,
Reste avec moi !
Je suis de la lignée des amantes de l'Orient
Je me suis réveillée au pays de l'amour
Le temple de ma conscience
Est un temple merveilleux
Ne me quitte pas !
Dieu demeure dans mon cœur.

TAMANNÂ MEHRZÂD

En paix dans la nuit

Mes pieds ne comprennent plus les rues[1]
Ces pierres ne comprennent plus les cheveux
aux quatre vents
Mère ! Éteins la télévision, la maison, la nuit
Les nouvelles ne comprennent point la douleur
Mère ! Ici, je suis en paix dans la nuit
Cette terre est douce, mère, désormais je suis
en paix
La nuit, les termites me chantent des poèmes
Au-dessus de ma tête, ils chantent des poèmes
Sur mes mains, sur mes pieds.
Ne pleure pas, mère ! Regarde comme tout est
calme ici
J'ai bu le café de la mort, amère, inopinée
De ta fille seul reste un corps blessé
Un foulard rouge de regrets, une jupe blessée

1. Le poème a été écrit en réaction aux attentats à la bombe visant l'école des filles de Sayed Al-Shuhada à l'ouest de Kaboul, le 8 mai 2021, où des dizaines de collégiennes et lycéennes ont perdu la vie.

L'histoire effacera mon nom des mémoires
Et le vent emportera mon foulard
Ne pleure pas mère ! Demande à la mort de mes nouvelles
Elle s'est abattue sur moi, cherche-moi dans le néant
Reste ce soir et tisse à nouveau mon destin
Je suis toute sombre, rattrape ma lanterne de la mort
Mère ! Reste ! J'ai peur de la mort
J'ai peur de ses mains, j'ai peur de ses os
Ici nulle autre que toi ne comprend ce que je dis
Je suis petite, j'ai peur de la gueule de la mort.

Bouche

Toi tu étais bouche
Une bouche ouverte
Qui avait avalé tant de coups
Qui avait appris à vomir par la petite artère
gauche de son cœur
Qui avait appris à s'écrouler
À se relever

Tu étais bouche
Qui avait fêté
La perte de sa dernière dent
Et la morsure brutale de la langue
Avant que ne jaillisse le sang sur le visage
Et que l'odeur du fer ne heurte le front de l'air

Tu étais bouche
À peine âgée de quarante ans,
Enceinte des voix
Menacées d'avortement
Sous les coups

Les plus calmes
Les plus forts…

Toi, tu avais dansé au mépris de tant de coups
Dans un coin reculé de la cour
Sous le plus haut cyprès
Tu les avais enterrés
Dans les feuilles de ton livre
Lorsque tu écrivais
Et pensais à embrasser ton bien-aimé

Tu étais bouche
Une bouche ouverte
Qui voulait
Apprendre
À avaler
À mâcher
À briser
À régurgiter
Aux bouches fermées.

L'hiver

En hiver
Les épaules de la douleur sont plus lourdes
Les bourgeons des blessures sont plus frais
Tu peux mettre du citron dans ton thé
Et ajouter du miel
Lorsque tu bois ton thé
Tu peux insulter le dirigeant de ton pays
Et songer en même temps
À acheter un manteau de cuir.

Tu peux jeter un regard à ta poche
Voir une petite photo de ton grand-père
Qui en hiver
Insultait le président de son pays
Lorsqu'il buvait du thé au citron
Tu peux rire à haute voix
Penser en même temps
Aux victimes de Gaza
À l'effroi des jeunes Iraniens juste avant leur exécution

Aux quatre-vingt-trois jours écoulés depuis le séisme à Hérat
Et aux deux mille cinq cents morts sous les décombres.

Les chiffres défilent dans ta tête
Le défilé des chiffres, comme un défilé militaire
Le Moyen-Orient
Tu les avales par ton sourire
Ils restent bloqués dans ta gorge
Alors tu ne peux plus prendre ton thé au citron
Ni insulter
Ni penser aux quatre-vingt-trois jours écoulés

Tu jettes un regard à ta poche
Souris à la photo de ton grand-père
Et tu te contentes de tes anciens habits.

Râmin Mazhar

Je t'embrasse

De pas en pas, de souffle en souffle je t'aime.
Contre les traditions meurtrières je t'aime

Tu es croyante, tes baisers sont tes prières
Tu es différente, tes baisers sont ta contestation

D'amour, d'espoir, d'avenir, tu n'as pas peur
Je t'embrasse au milieu des talibans, tu n'as pas
peur

Je t'embrasse au coin de la mosquée,
Au milieu du parfum sauvage de l'olive de
Bohême,
Tu ne trembles pas.

Je t'embrasse dans les taxis, dans les rues
Je t'embrasse contre les anathèmes.

Au milieu des blessures, du sang et des cloques,
Embrasse-moi à pleines lèvres.

Au milieu du feu des mitrailleuses,
Embrasse-moi à pleines lèvres.

Je t'embrasse au cœur du chagrin et du deuil
Tu m'embrasses au cœur des attaques-suicides.

Envolons-nous un instant au ciel
Jeunes à jamais dans leur ville mourante

Mais nous passons notre jeunesse amers et
opprimés,
À ressentir contre notre cou la lame
À pleurer en écoutant les chants plaintifs de Zâhir
Howaida[1]
Notre jeunesse :
À éclater sous la pluie la gorge nouée
À éclater dans la rue avec les paroles de Sayyid
Qutb[2]

---

1. Zâhir Howaida (1954-2012) était un chanteur, auteur-compositeur d'Afghanistan, très connu dès les années 1970. Certaines de ses chansons ont été reprises par des chanteurs iraniens, tadjiks et uzbeks.

2. Sayyid Qutb (1906-1966) : intellectuel, journaliste et penseur égyptien qui est une référence importante des mouvances islamistes. Ses livres, en particulier *Sous l'ombre du Coran*, ont inspiré les mouvements islamistes tel Al-Qaïda. Sayyid Qutb apparaît comme l'un des

À lire la nuit Al-Ghazâli[1] et à faire des cauchemars
À voir chaque feuille de chaque fleur avec un
regard d'apostat
Notre jeunesse
À apprendre à l'école à assassiner son frère
À poignarder de dos les fleurs des peupliers

Alors que tu aspires à devenir poète
À dormir avec la Lune

Cette ville ingrate
Ne veut pas voir tes larmes,
L'arme de ta révolte.

Viens doucement que je te prenne dans mes bras
Ne pleure pas, ne pleure pas
Que doucement je meure pour toi.

---

idéologues clés des Frères musulmans. Il sera exécuté par pendaison en 1966 en Égypte.

1. Abu Hamid Muhammad Al-Ghazâli (1058-1111) est un philosophe, grand théologien, théoricien du droit et mystique musulman d'origine perse qui a écrit de nombreux essais critiques. Ses principales œuvres sont *Revivification des sciences de la religion*, *L'Incohérence des philosophes*. Sa critique porte particulièrement sur les pensées d'Aristote et des philosophes musulmans, dont Avicennes.

J'embrasse les larmes coulant sur tes joues
J'embrasse tes cheveux, tes lèvres sèches, ta voix.
Parle-moi même si toute ta vie tu as retenu ton
souffle
Ne pleure pas mon jardin de grenadier, même
si tu as brûlé.

Pose la tête sur mon épaule
Toi, mon bourgeon poussé sur ma tombe,
Ô, toi, toute ma vie !

Je t'embrasse dans les taxis, dans les rues
Je t'embrasse contre leur dogme.

Je t'embrasse dans la mosquée, tu n'as pas peur
Ils nous traitent d'impies, tu n'as pas peur.

Au milieu des blessures, du sang et des cloques,
Embrasse-moi à pleines lèvres
Au milieu du feu des mitrailleuses,
Embrasse-moi à pleines lèvres.

Je t'embrasse au cœur du chagrin et du deuil
Tu m'embrasses au cœur des attaques-suicides.

Tu m'embrasses dans les cérémonies
Je t'embrasse contre les appels à la haine.

Il reste des rêves

La ville tremble de froid
Une flamme pourtant brille dans mon âme à jamais

Le poids de l'Histoire est tombé sur le dos d'une femme
Une femme debout, solide, pourtant seule à jamais

Il n'y a ni pain, ni vie, ni même espoir
Les anathèmes pourtant règnent toujours dans les foyers

Il est interdit de chanter, Lailâ pourtant
Fredonne ses berceuses, toujours et toujours

Ton image est tombée dans le miroir brisé
Tes yeux las mais toujours beaux s'y reflètent

La rumeur se répand : un combattant a été tué
Demain pourtant il se relèvera par-delà les montagnes à jamais

Ô loup, ton hurlement est blessé, le désert pourtant
Confiera ton récit à sa mémoire, à jamais

Ils nous ont tout pris
Il reste pourtant des rêves, en nous ils vivront à jamais.

Montagne

À l'image de la création de la montagne par la pierre
Cette terre commence par la première montagne

Ah, si seulement tu nous chantais un vers
Pour nous consoler de notre deuil, montagne

Une tulipe pousse sur la tombe de chaque combattant
C'est le sang jeune qui t'a ornée, montagne

De gorge en gorge je suis épris de toi
Ô toi montagne derrière les montagnes

Lorsque l'amour entre en jeu
Tu t'humilies et descends telle une avalanche de neige, montagne

La pleine lune ressemble ce soir à une femme endormie
Son drap est brouillard, son oreiller, montagne

Ô plaine ! quel vide, quelle absence révèle ta solitude ?
Ô montagne ! quelle douleur t'accable si pesante ?

Les chevaux hennissent au cœur de la vallée
Une nuée de faucons s'envole au lointain de la montagne

Regarde les femmes elles chantent la liberté
Tu seras libérée de cette écrasante peine, montagne

Tes enfants vaincront ton ennemi sauvage
Reste sereine derrière ta barricade, ô montagne !

Hodâ Khamosh

Prends-moi

Prends-moi !
Viens te mettre en croix
Sur ma poitrine nue !
Enflamme-moi !
Que je devienne une terre torride !
Galope en moi
Cheval sauvage, au-delà de ma peau !
Et hurle comme un loup blessé dans la nuit !

Tel un poignard enfoncé dans le corps du soldat
Prends-moi
Ta bien-aimée perdue dans la guerre !
Que je vénère aveuglément
Le sanctuaire de tes yeux !

Prends-moi
Que tes mains signent la paix
En bas de tous les manifestes

Que nul enfant ne meure
Et nul oiseau n'ait peur

Que l'amour soit enfin délivré
De la sentence du fouet
Et de la soumission à l'Histoire… !

Revêts tes souffrances

Revêts tes souffrances
Et ferme les boutons de ta fierté
Derrière ton rouge à lèvres éclatant
De l'étoffe de ton écharpe
Tisse un silence
Un fil dessous,
Un fil dessus
L'enroule autour du cou !
Afin qu'aucune indifférence ne te décourage
Toi, seulement toi,
Connais ce passage interminable.

Crucifie-moi

Crucifie-moi
À la frontière extrême de ton corps épandu
Je ne crains pas la détention
Pour les fautes les plus graves
Laisse
Le diable se prosterner
Devant ce baiser
Devant ce regard
Et cette étreinte crasseuse.

Géographie de l'amour

Je suis certaine qu'un jour
Le soleil enviera
La chaleur de mon désir
La chaleur de midi, l'été, dans tes bras
Il enviera la pure extase de tes yeux
Les mains qui invitent le printemps
Et les oiseaux rêveurs
Qui s'envolent en bâillant.

Je plonge dans le lit de tes rêves
Je suis certaine qu'un jour
Le ciel se reposera pour te contempler
Les montagnes se prosterneront
Et à tes pieds les nuages
S'inclineront
Puis Dieu enverra d'autres prophètes
Pour qu'ils croient en toi
À la géographie de l'amour
Aux miroirs qui te reflètent.

Les champs de blé enivrés de toi,
Confieront l'odeur de ton corps
L'écho de ton désir
Aux ruisseaux fluides
Aux eaux les plus claires
Aux ramures des arbres

Et je t'écris encore une fois
À la lueur de la nudité de la lune
Et je te chante, toi
Aux oreilles des oiseaux
Aux oreilles des poissons des mers
Aux requins amoureux
Je te chante aux corbeaux porteurs de bonnes nouvelles
Tant que l'amour, clair et limpide, se dénude
Et niche dans les mains des peupliers.

Mostafâ Hazâra

Chante

Chante !
Puisque le dernier mot
N'est autre que sang.

Chante donc le cri des battements de ton cœur
Qui s'échappe comme le poisson rouge fuit son bocal.
Fleurissent les mensonges des politiciens
Les armes américaines raffinées.
Chante la mélopée sanglante de la paix !
Celle des balles venues des usines d'armement de Stockholm
Celle des généreux accords de Doha.
Chante l'invocation de la délivrance[1]
Sortie des presses de Qom,
Et ensevelis-toi
Avec les versets coraniques imprimés sur un linceul *made in* China.

---

1. Chez les chiites, une prière attribuée à Mahdi, douzième imam, considéré comme le Sauveur de l'humanité.

Recouvert des pierres polies du Pakistan
Qui heurtent ton front lors de l'envol de ton âme
Récite en arabe ta propre prière funéraire
Avec des mots vieux de mille quatre cents ans
Et murmure ta terreur dans leur langue
Pour soulager ta mort prochaine.

Pleure !
Avec ton accent du Hazâradjât
Qui plaît tant aux persanophones du monde.
Chante ta complainte funèbre[1]
Que la BBC et CNN ne pourront sous-titrer.
Chante l'alphabet du sang car
C'est toi la fleur d'oranger du prochain printemps,
Toi, la grenade qui naîtras à l'automne.

Chante parce que tes pères ont chanté et connaissent tout par cœur.
Chante parce que tes mères sont devenues poètes, tant elles ont chanté de deuils.
Chante car le dernier mot
N'est autre que sang.

---

1. Chants de deuil improvisés par les femmes, en dialecte hazaragui.

Sans patrie

Les fusils disaient : « Tirez vers lui
Il n'a pas de gardien. »
Les balles, les gouttes de pluie
Les nuages, la vapeur du sang
Les talibans disaient : « Prenez-le
Mutilez-le comme son pays. »
Les couteaux branches d'arbre dans mes os
La terre disait : « Ne le laissez pas s'enfuir
Il a confié de nombreux corps au creux de ma poitrine. »
Je n'ai pas de patrie
On l'a vendue
Mes pieds vont vers Pol-e Sorkh[1]

---

1. Pol-e Sorkh (littéralement le « pont rouge ») désigne un carrefour et, au sens large, un quartier animé situé dans la partie ouest de Kaboul. Pol-e Sorkh est devenu le symbole d'un mode de vie marqué par une ouverture au monde, la liberté et la culture, un espace libre et apaisé d'échanges, de rencontres grâce aux nombreux cafés mixtes, cafés littéraires, librairies indépendantes, boutiques d'artisanat.

De mer en mer
De pays en pays
Le chemin est long
Mon nom réclame une patrie pour l'honneur
De cimetière en cimetière
La distance est longue
Mon corps demande de la terre pour vivre
De cendre en cendre
De ciel en ciel
Je suis désormais privé de patrie
Et le ciel de ma ville est devenu rouge

Que sont devenus ?

Au bord du trottoir
Où seule chante la petite Khosh Namâ, vendeuse de brume porte-bonheur
Au visage maquillé de pauvreté
Et hâlé par le soleil de Kaboul
Soleil aux rayons inégaux
Sur le visage de Khosh Namâ, et sur celui des propriétaires de Wazir Akbarkhân
À l'est du carrefour
Les yeux de Kâkâ Mahdi, vendeur de rue,
Ne voient toujours pas
Mais à présent il ressent l'obscurité
Loin des mains du jeune homme qui
Laisse quelques sous de plus dans sa main
À l'ouest du carrefour
Les voitures allant vers les rues de Barchi
Ne portent plus l'angoisse des attentats
La voix des femmes ne retentit plus
Dans les universités
Et Kafka, Heidegger ne sont plus l'objet de vifs débats

Dans les minivans montant vers Dasht-e
Barchi[1]

Que sont devenues toutes ces roses
Montées dans les avions en pleurant
Égarées dans les déserts du Sistan
Fanées dans les forêts du Baloutchistan ?

Que sont devenues toutes ces roses
Cachées derrière les rideaux des maisons en terre
Sur les flancs de la montagne Qurigh
Consommant des somnifères
Dans l'espoir de se réveiller dans les rêves des
mois passés ?
Qu'est devenu tout cela ?
Que sont devenues toutes ces chaises dans les
cafés ?
Que sont devenus tous ces désirs
De reconstruire le pays

---

1. Dasht-e Barchi désigne la banlieue de haute densité de population située à l'ouest de Kaboul. Peuplée majoritairement par les Hazâra, cette zone marginalisée mais très animée devint la cible de l'État islamique et des insurgés talibans dès 2016. Des centres éducatifs, des écoles, des salles de sport, des mosquées, des minivans, des taxis, des rassemblements ont été visés principalement entre 2017 et 2022, causant la mort de centaines de civils.

Avec les mains vides, sous la pluie des
kalachnikovs ?
Que sont devenues toutes ces briques
Surplus des fosses communes de Qurigh[1]
Destinées à la construction de nouveaux
quartiers ?

Qu'est devenu tout cela ?
Que sont devenus tous ces gâteaux
d'anniversaire
Dont la lumière des bougies
Transformait les nuits sombres ?
Que sont devenues ces chandelles
En mémoire des camarades de classe
Que l'on soufflait sur les gâteaux
Avec des vœux de paix ?
Qu'est devenu tout cela ?
Qu'est devenu tout ce sang
Qui coulait dans les veines desséchées de la ville ?

---

1. Qurigh fait référence à la montagne à l'ouest de Kaboul, et particulièrement à la colline des Martyrs/ Tappa-ye Shohadâ. Ce cimetière en surplomb de Kaboul a accueilli à compter de 2016 la tombe de victimes des attentats visant la communauté Hazâra, dont les élèves de plusieurs écoles et centres éducatifs visés ces dernières années.

Shoaib Hamidzai

À Tabassom, Râhela, Madina, Kawsar
et toutes ces mariées de sang de mon pays
qui étaient seules et le sont encore

Souveraine de la ville de pierres

Les sanglots montent du fleuve pleurant le sang
La fumée sort encore et encore de la poitrine
des statues de Bouddha

Le bruit du sang, s'égouttant au bout des doigts
des pins
La chute des colombes abattues en plein vol
dans le rouge des ruisseaux
Le cri des pluies de balles en guise de pluie fine
Et le retour de l'hiver, l'hiver, encore l'hiver

Le théâtre de marionnettes est à nouveau
monté, ô les poupées !
Mariée de sang ! Pourquoi ne danses-tu pas
sous les applaudissements ?
Danse ! toi, éblouissante malgré ta douleur
marquée au fer rouge
Mariée de sang ! ô toi fusion des larmes, du sang
et de la beauté

Danse ! toi dont l'âme est plus bouleversée que les cheveux
Tourne ô toi dont les yeux rugissent plus fort que le Hari-Roud
Tes yeux rugissent, ô poète des vers du trouble
Toi, le rouge du spinelle de Badakhchan, à l'image de tes larmes
Tourne et tourne autour de toi
Le rire muet des poupées
Pourquoi ne danses-tu pas, ne danses-tu pas
Au rythme des applaudissements…

Il ne reste que toi et la solitude dans tes mains
Mariée de sang ! ô toi fusion des larmes, du sang et de la beauté
Aucun bras pour te soutenir à l'aune de tes sanglots
Dans ces corps gisants s'est éteinte l'envie de se tenir debout
Hormis la poussière, rien ne se lèvera
Mariée de sang ! Hormis toi aucune souveraine ne se lèvera
Toi, tu restes amie de la ville, hélas la ville n'est pas ton amie
Hormis ces pierres froides et silencieuses, nul autre n'est à ton côté

Aucun espoir de rédemption avec tant de
traîtres
Meurs donc, meurs ! ô Souveraine de la ville
de pierres[1].

1. « Souveraine de la ville de pierres » est une référence au poème *Shahr-e sangestân*, « Ville des pierres », du poète iranien Mehdi Akhavân Sâles (1927-1990).

Destin

Mon père sur son visage mat portait des rides
de détresse, de résistance
Le compagnon de ses yeux toujours humides
était son tapis de prière.
Les larmes rouges de ma mère se diluaient dans
la tasse
Chaque jour la couleur noire de son thé était
celle du destin de Kaboul.
Dans un automne qui haïssait les fleurs
Ma sœur se fanait bourgeon après bourgeon
Son voile à fleurs décoloré fut le dernier jardin
gorgé de fleurs.
L'ironie amère du sourire lourd de chagrin de
mon frère fut son destin
Ses pieds arrachés par les mines
Lui rêvait de sauter vers la plénitude.
L'idée d'écrire un poème me tourna dans la tête
Les mots s'effondrèrent dans la terre et le sang
De tout mon art poétique, en partage j'avais
ces vers privés d'amour.

Respire

N'aie pas peur, sois comme la mort
Encore une fois, respire pas à pas
L'air des routes menant à la mort
Encore une fois verse du sel
Dans la bouche souriante de la vieille blessure
Imite le sourire et respire comme la douleur

Demande aux balles une langue neuve
Énonce la paix, enseigne aux bombes une
  parole neuve
Réclame aux cadavres la folie d'une âme neuve
Puis respire grâce aux respectables talibans

Des sanglots dans la gorge
Non, c'est le rubâb d'amour dans la gorge
Piétine et brise cet interdit !
Ton souffle épouse le rythme du tambour
Sois vigilant ! Désormais respire sans bruit

Même si tu es couvert de sang, brisé et
  déchiré

Même si tu es douleur transpercée jusqu'à la
moelle des os
Même si ses poings te menacent
Même si sa lame est sur ta gorge…
Encore une fois respire

Je te supplie face aux chaussures sanglantes de
ton frère
Je te supplie face à la gorge nouée de la route
Au passage du corps morcelé de ta sœur
Je te supplie face aux yeux rouges de ta mère
Je te supplie face aux milles morceaux de ton
corps, respire !

Tu ne respires pas
Pourquoi ne respires-tu pas
Cet air vide de la patrie ?
Non ce n'est pas la patrie, cette fange
Nul ne respire dans cette fange
Ne respire pas mon doux
Ne respire pas mon frère, ne respire pas !

RÂSHED RÂMEZ

Répands ton élan

Es-tu toujours recluse au fond de la maison ?
Sors ! Deviens source d'espoir !
Toi, parfum du jardin d'olivier de Bohême
Sors ! Répands ton élan de rue en rue

Es-tu toujours recluse au fond de la maison,
Perdue dans les nuages du chagrin ?
Repousse ce vil nuage ! Sois le bruit de la foudre

Ma lumière moribonde, es-tu toujours recluse
au fond de la maison ?
Monte un moment au ciel, sois la lune étincelante

Telle une colombe parmi les corbeaux prends
ton envol
Dans ce vaste désert ceins-toi les reins
Solide et rapide, sois l'invincible Rakhsh[1]

---

1. Rakhsh est le nom du cheval de Rostam, héros mythique du *Livre des Rois* de Ferdowsi, poète persan du xe siècle. Rakhsh apparaît dans cette épopée comme

Mille ans de ténèbres je chante à mes propres
oreilles
Que tu sois l'élan de Mazâr
Que tu sois le poème de Badakhshân

Mille ans de ténèbres… je suis toujours reclus
au fond de la maison
Mais toi, ne reste pas immobile
Sors ! De rue en rue répands la lumière.

---

l'un des protagonistes. Indomptable, puissant, infatigable, rapide, intelligent et dévoué à protéger son cavalier Rostam, il symbolise depuis, dans la culture afghane, façonnée par la langue persane, la puissance, l'invincibilité.

J'écris un poème pour être vivant

Même si j'enlace une mort lente
Il m'arrive de boire aussi du thé avec la vie

Un regard, un sourire, un court poème
D'un trait enlèvent le chagrin de mes épaules

Dans la rue, sur les fils, les moineaux
Enivrés de leur vol chantent à mes oreilles

Ton souffle au plus profond de mon désespoir
Réveille en moi la mer silencieuse

Dans mes rêves, durant les hivers de solitude
Je porte le vêtement chaud de ton étreinte

J'écris un poème pour être vivant
Même si j'enlace une mort lente.

Dans mes bras

Il fait froid cette nuit, reste dans mes bras
Chante la mélodie chaude de ton corps dans mes bras

Reste et reconnais que pour rire
Le monde jouit de mille sagesses dans mes bras

Souviens-toi ! Quand tu devins oiseau
Comme le ciel naquit dans mes bras

Lorsque l'image de ton corps se réfléchit sur mon étang
Les poissons s'exaltèrent dans mes bras

Même si le fleuve du temps est en tumulte
Rien ne bouge dans mes bras

De tout temps ton cœur porte l'amertume des séparations
Où se trouve la distance entre nous dans mes bras ?

L'homme marche vers la sombre solitude
Ne pars pas ce soir avec l'homme !
Reste dans mes bras !

HADIA ARMAGHÂN

Shâdiyân[1]

De Shâdiyân, plaine des coquelicots
Seules auront survécu les lèvres en sang de
  l'aïeule
Après trois ans d'exil
L'année des vautours
L'aïeule survécut par miracle
À la gueule des vautours.
À Shâdiyân
Elle consulta le divan de Hâfez[2]
Comme les femmes nomades,
Dans l'attente de leurs enfants partis à la guerre

---

1. Shâdiyân, ou « plaine des coquelicots rouges », désigne les plaines situées à la périphérie sud de Mazâr-i-Sharif dans la province de Balkh. Célèbre pour ses champs de coquelicots, ce lieu attire en particulier au printemps les habitants de Mazâr et de ses environs.

2. *Fâl-e Hâfez*, littéralement l'« augure de Hâfez », est un rituel populaire chez les peuples façonnés par la langue persane, qui consiste à consulter le recueil de poèmes de Hâfez, poète du XIVe siècle, en l'ouvrant au hasard pour y trouver des réponses à leurs questions.

Grand-mère, elle était un pays
Une multitude de femmes habitaient sa
poitrine
Toutes devenues sœurs par la douleur
Toutes unies par le destin commun
Grand-mère était un pays
Dans sa poitrine dansaient les femmes
Dans les rues, elles dansaient
Sans crainte
Lorsque la plaine de Shâdiyân se transforma
L'année des vautours
En tempête de poussière
Qui assaillit
La plaine des coquelicots
Jusqu'aux ruelles de Balkh
Lorsque les ruelles
Les habitants
Les rêves
Les fenêtres
Sont devenus
Des souvenirs
Des légendes
Dans la gueule de la tempête de poussière
Rien n'échappa à la dévastation
Lorsque nous irons à Balkh
Avec les générations à venir
Avec les générations suivantes

De Shâdiyân,
Seules auront survécu les lèvres en sang de l'aïeule.

Embryon

Cette fois, c'est l'embryon de toi-même que tu
fuis,
Traces laissées dans tes profondeurs.

Même s'il colle à ta peau comme un vêtement
Et que tu l'extirpes de ta tête, de tes manches
Chaque jour il sort sous le tchadri, avec toi,
Captive et libre dans tes mille et un replis.

Ton corps, cimetière de toutes les femmes
Réunies en toi, quel courage !

Quatre mètres carrés en guise de chambre
Une fenêtre en guise de ciel
C'est à ça que se résume ton monde.

Mes larmes coulent à Kaboul

J'émince les oignons
Mes larmes coulent à Kaboul
De l'œil d'une femme
Dont les rêves contre un rocher se sont fracassés
Lors du crépuscule.

J'émince les oignons
Mes larmes coulent à Téhéran
De l'œil d'une femme
Dont la jeunesse intacte
Est retenue dans une branche d'arbre
Et les pommes s'écrasent dans la rue.

J'émince les oignons
Mes larmes coulent à Beyrouth
De l'œil d'une femme
Dont les fœtus
Surgissent de la tombe
En guise de berceau.

Mon cri

Mon cri
Les rues de Balkh ne s'en souvenaient pas
L'Amou-Daria
Avait emporté ma voix.
Mes yeux sont les boutons d'une chemise sans
  âme
Suspendue à la corde d'un toit au Moyen-Orient
Et ont vu la mise en cendres de tes sourires.

Sous le même ciel
Je me tiens debout à Berlin
Devant une rivière
Le vent n'attend pas
Que j'ouvre mes cheveux.

Masoma Mahshid

Ma terre

Ô mon amie tourmentée, ma douce amie
Toi, mes vieilles et mes fraîches blessures
Même si depuis tant d'années, tu es donnée en pâture
Je suis la gazelle de tes plaines, ô ma terre !
Tes sommets sont mon foyer
Je ne bougerai point
Peu m'importe que mille et un loups me guettent
Hier, ils ont brisé ton cœur
Mes mains, mes pieds
Demain ton chagrin sera gravé sur mon front
Sourire à l'heure de mourir, serait-ce une tâche facile ?
Oh comme je me suis endurcie !
Les voisins jettent des pierres à ta fenêtre
L'ennemi campe dans la maison, regarde mon compagnon

Ici, nul ne construit un pont au-dessus des
frontières[1]
Seigneur, ton chemin est devenu ma muraille
de Chine
Tels des chiens affamés, les « frères[2] » ont soif de
mon sang
Cette fois, la religion est devenue prison
Ma douce, ma charmante sérénité ! je t'aime
Toi, ma seule certitude au milieu de tant de
tourments.

1. Référence à un vers de Najeeb Barwar, poète afghan : « Partout où ils tracent des frontières/ Construisons des ponts. »

2. L'appellation « frères » renvoie au titre que l'ancien président afghan Hamid Karzai donnait dès 2014 aux insurgés talibans. Il les qualifiait de « frères mécontents », ce qui a déclenché la contestation de la société afghane, en particulier de la jeunesse.

Reste

Quand tu as le cœur serré, reviens et reste !
Une fois n'est pas coutume, reste encore un peu !

Tu es fatigué, viens dormir mon doux ami
Un instant pose la tête sur les épaules de la
bien-aimée

Avec ton sourire apaisant,
Telle l'eau sur le feu
Viens laver la trace des blessures gravées sur mon
cœur

Emporte ma photo partout où tu iras
La nuit, mets-la sous la tête, sous l'oreiller

Tiens informée
Celle dont l'oreille attend ta voix

Allons nous moquer du monde
Mets les bottes sur la gorge de tout maudit
chagrin

De ta propre main froisse toutes les distances
Jette-les, derrière la porte, à la poubelle

« Allons commettre le péché, n'aie pas peur de
l'amour[1] »
Pose vaillamment ton pied sur la route du danger

C'est la missive du cœur, où es-tu pigeon
voyageur ?
Prends-la et dépose-la devant la maison de l'Ami.

1. Référence au vers de Najme Zâre (1982-2005), poétesse iranienne, « Allons faire le péché, n'aie pas peur de l'amour/ Dieu a mille autres choses à faire ».

De tes ruelles

Au cœur de l'histoire, il reste de tes ruelles le feu
et le sang
De tes villes l'explosion, la fumée
Ne te réjouis pas de l'autorité de ton fils, père
De tes descendants seul reste Nemrod, roi
tyrannique

Toute la vie tu nous as nourris, protégés
Pourtant, nous t'avons détruit de nos propres
mains
Dans tes bras tu nous as élevés
Nous t'avons vendu, en avons tiré profit

Plus question de parler de liberté
Tant que les démons sont à l'œuvre dans ton
Kaboul
Même la vie ne vaut plus rien
Ces jours-ci sous tes ponts
Le commerce de la mort est en plein essor

Mère, regarde tes enfants, celui-ci,
Le drapeau de sa religion à la main, combat pour le palais
Celui-là sous l'eau, sous les rafales
Combat contre la mort

Djâwid traverse la mer
Mais lui répond le soldat grec
Par des balles dans le dos
Mahmoud en fuite tombe à la frontière
Sous la botte il rend l'âme peu de temps après

Il est vingt-deux heures, heure de Téhéran
Quand une pierre tombe, Ebrâhim perd sa main
Il rentre au pays, rapportant un sac
Rempli d'errances, de désespoir, d'échecs

Abattu et tourmenté,
Le père ignore sa vieillesse
Le soir, il rentre à la maison
Les yeux remplis de honte, les mains vides

On ne parle plus de Tabassom[1], chère mère
Lailâ est jeune, as-tu des nouvelles de son cœur vieilli ?

---

1. Tabassom, la fillette de neuf ans qui fut décapitée en raison de son appartenance à la communauté des Hazâras,

Les Farkhonda succombent sous les coups
As-tu des nouvelles de leur funeste destin ?

Golbakht n'a plus de rêves, que des
cauchemars :
Chaque soir, une corde pour collier
La grand-mère renonce à la prière
Peut-être doute-t-elle désormais de la grandeur
de son Dieu.

---

minorité ethnique et religieuse, en novembre 2015, ainsi que six de ses compagnons de voyage, sur la route de Zâboul au sud du pays, par les insurgés. Ce carnage a suscité un mouvement contestataire de grande envergure dans la communauté hazâra à Kaboul et dans les grandes villes du pays.

Fâtima Kâzimi

Née dans l'errance

Née dans l'errance, je fais mon baluchon au
début de chaque saison
Lasse de tant de voyages, pourtant j'ai la vie au
cœur

Hélas, le chagrin de partir, la peine de
s'arracher ont scellé mon destin
Ma destinée est tombée entre les mains des vils
Et ma maison entre les mains de l'ennemi

Ma patrie, un cadre photo glissé dans la valise
Et mes souvenirs, amers et tumultueux
Mes poèmes chargés de plaintes et de souffrances
Et mon histoire, le récit de la dévastation

Ma sœur attristée est de nouveau affligée d'un
« au revoir » amer
La mauvaise fortune ajoute des rides sur le visage
de ma mère

Le destin étrange de Gol Beygom, Dame des
fleurs
Témoigne des douleurs infinies
Elle est captive, et moi, en fuite
En raison de nos yeux en amande[1]

Je suis héritière d'une génération sans avenir,
Chassée de sa terre, de son foyer
Comment l'écrire ? En quelle langue, en quels
mots
La destruction, la souffrance de ma lignée[2]

Telle une ville en ruine, tout mon être est dévasté
Pourtant, je reste debout
Dans l'espoir de la liberté
Dans l'espoir du printemps.

---

1. Les « yeux en amande » est une référence aux Hazâras qui se distinguent par leur physionomie. Cette communauté était et reste la cible des extrémistes en Afghanistan.

2. Allusion à l'expédition d'Abdur Rahman, émir de Kaboul entre 1891-1892 dans le Hazâradjât, territoire indépendant géré par les Hazâras. Ces campagnes ont abouti au massacre d'une grande partie de la population hazâra, au déplacement des survivants et à l'esclavage des autres.

Grâce au poème

Grâce au poème, tu peux dire tout ce qui t'habite
La folie, l'amour, les moments impatients…

Dévoiler ton désir de voir ton bien-aimé
Imaginer chaque instant, chaque seconde de
 l'attente

Mémoriser des vers d'amour
Pour chasser de son cœur la mélancolie

L'hiver, la neige, le frisson : propos creux
La chaleur de tes bras fait offense au poêle

En mémoire de tes yeux, j'écris un conte amer
Pour le laisser en souvenir à la génération à venir

Tu t'assieds à son côté, tes vers s'effondrent
Maudites soient la pudeur, la timidité, la
 modestie.

Elle se prélasse au fond de mon cœur

Elle se prélasse au fond de mon cœur
Cette invitée importune qui arrange ses coussins

Dans son sac de voyage mon bien-aimé à son départ
Toute ma sérénité a emporté

Dépression, lassitude, amertume
Il me reste un cœur impatient, des yeux humides

Deux fleuves coulent de mes yeux
Il me reste un caillot de sang fatigué dans le foie

Ô tristesse que tu ne sois jamais présente pour voir ma joie
Le jour où mon regard guettera le portail et la fenêtre

Ô tristesse ! Toi qui accables nos épaules
Ô malédiction ! Vagabonde détestée, malheureuse.

Postface

Avant le développement et la démocratisation de l'école moderne en Afghanistan aux alentours des années 1980, l'éducation et l'alphabétisation commençaient par la poésie. Mahmoud Tarzi, poète, intellectuel et journaliste précurseur de l'évolution de la prose moderne persane en Afghanistan, décrit ainsi en 1915 cette primauté : « N'est-il pas vrai que [...] la récitation et l'écriture de poésie sont bues par la jeunesse comme le lait maternel – et ne se termineront que lorsque l'âme quittera le corps[1] ? » La poésie classique persane demeure toujours aujourd'hui une source de connaissances et de savoirs.

Dans la société afghane largement influencée par la culture orale et l'héritage de la littérature classique persane, la poésie reste le moyen d'expression privilégié des sentiments, le véhicule de communication des idées et de la transmission

1. Mahmoud Tarzi, *Parâkanda, Majmu'a-ye Ash'âr* [Recueil de poèmes dispersés], Kaboul, Inâyat Press, 1915.

des valeurs. En Afghanistan, comme en Iran, la poésie occupe toujours une place majeure dans la vie quotidienne. Les recueils de poèmes, classiques ou contemporains, sont régulièrement consultés, lus ou chantés en différentes occasions. Une relation intime et hautement personnelle avec la poésie caractérise le persanophone élevé dans une géographie où les paroles poétiques foisonnent et nourrissent la culture populaire.

Mais la poésie est aussi un vecteur majeur de critique sociale dans cette partie du monde en tumulte. Elle est nécessairement politique. Il n'est pas surprenant que les Afghans y aient raconté leur vie au cours de ces quatre décennies émaillées par les conflits, les migrations et les violences. Les courants littéraires ont ainsi été marqués par la résistance contre la présence soviétique (durant les années 1980), par la guerre civile (1992-1996) puis par le premier régime taliban (1996-2001). Par la suite, influencé par les évolutions sociopolitiques du pays dues à la période de la reconstruction sous l'égide d'une forte présence internationale (2001-2021), un nouveau courant de la poésie afghane s'impose avant qu'une chape de plomb ne s'abatte le 15 août 2021. Mais ses racines, puissantes, permettent à la poésie afghane de résister.

Nommée par les chercheurs « poésie des médias sociaux[1] », la forme poétique du XXIe siècle est soit hautement politique, soit intensément intime. Publiée, diffusée et commentée via les réseaux sociaux ou les chaînes de messagerie, cette poésie circule entre l'Afghanistan, le monde persanophone et la diaspora depuis 2010.

En dépit de ces quatre décennies de guerres, la littérature demeure une puissance active, profondément engagée dans l'histoire troublée du pays et de la société meurtrie par les conflits. Depuis quinze ans, en lectrice, en universitaire, j'arpente les multiples courants de la poésie persane en Afghanistan et en Iran, par le biais de la diaspora. J'ai ainsi pu constater combien les publications littéraires ont évolué. Plusieurs maisons d'édition sont nées après 2001 et la chute des talibans. La publication littéraire s'est développée dans les années 2010

1. Zuzanna Olszewska, « If we do not Write Poetry, We will Die : Afghan Diasporic Social Media Poetry for the Fall of Kabul », *The Routledge Handbook of Refugee Narratives*, Londres, Routledge, 2023, p. 140-152.

avec le retour au pays des auteurs et autrices exilés, le renouveau des centres culturels et des cercles littéraires[1] mais aussi l'apparition des médias sociaux. Avant tout, ce sont les associations littéraires, que ce soient les plus anciennes comme celle de Hérat ou les nouveaux cercles littéraires, qui ont joué un rôle primordial dans l'évolution de la littérature en Afghanistan après 2001. Dans ces associations se réunissaient à la fois les nouvelles figures et les précurseurs. Il s'agissait d'un espace de communication, de lecture mais également d'un lieu de discussion, de critique et de formation avec des rencontres littéraires hebdomadaires, des ateliers d'écriture, la diffusion de revues littéraires et autres événements culturels. À l'université de

1. Comme exemple, la maison d'édition Taak a publié plus de deux cent cinquante ouvrages littéraires entre 2010 et 2021 à Kaboul. D'autres éditeurs comme Vazha, Maqsudi, Zaryab, Erfan, Barg et Azâd, étaient également très actifs. Certaines associations se sont lancées également dans l'édition littéraire comme, entre autres, Anjuman-a Qalam/Pen Association, Kâchâna-ye Navisandagân à Kaboul, et à Hérat l'association Fadâyi Heravi, Association littéraire de Hérat (Anjuman-e adabi-ye Hérat), ou le cercle culturel Zolf-e Yâr à Mazâr et le centre littéraire et culturel Daryâtcha à Takhar, au nord du pays.

Kaboul par exemple, le Poetry Club rassemblait de jeunes étudiants, poètes et poétesses qui y lisaient chaque semaine leurs créations. Et c'est ainsi que s'inspirait, se formait et se développait la nouvelle génération d'autrices et d'auteurs. Lire son propre poème, en son nom, devant un public, est une étape essentielle dans une carrière poétique. Des revues littéraires et divers festivals de poésie ont vu le jour, et la publication de recueils collectifs a permis aux jeunes auteur·e·s de se faire connaître et d'accéder au statut de « *châ'er* » [poète], titre honorifique et hautement estimé dans la tradition persane[1]. La chute de Kaboul le 15 août 2021 donna un coup de semonce à la publication et à la circulation de la poésie. Toute la dynamique de la création littéraire fut suspendue. Toutefois, dans ce contexte répressif, la poésie résiste, encore et toujours. Citadelle d'une forme de liberté, elle est refuge et espace de réflexion, de débat et de renégociation avec l'histoire.

La poésie en Afghanistan est également un moyen d'expression des souffrances collectives. Elle témoigne de vies détruites, de rêves enfuis, des horreurs vécues, de la tragédie d'un

1. Zuzanna Olszewska, *The Pearl of Dari*, Indiana, Indiana University Press, 2015.

peuple. Les mots résonnent pour crier et rappeler la mémoire des vaincus, la mémoire des victimes :

[…]
Que sont devenues ces chandelles
En mémoire des camarades de classe
Que l'on soufflait sur les gâteaux
Avec des vœux de paix ?
Qu'est devenu tout cela ?
Qu'est devenu tout ce sang
Qui coulait dans les veines desséchées de la ville ?

Mostafâ HAZÂRA, « Que sont devenus », p. 175.

Ainsi se forme dans cette poésie polyphonique une union par la douleur, par le malheur, par l'exil, par la perte, au-delà des fractures sociales, des frontières visibles et invisibles.

La poésie de la jeunesse d'Afghanistan écrit l'amour en pleine violence et brutalité. Une question revient sous la plume et le clavier des autrices et auteurs : comment traduire cette tragédie qui se renouvelle de décennie en décennie, rouvrant les anciennes blessures ? Où est l'amour dans ce bain de sang et de fumée ?

[…]
Triste et enragée
Ces jours-ci
La poésie ne peut demeurer poétique
Mais quelle femme a le cœur
De porter les mains à ses cheveux
Lorsqu'elle est troublée et angoissée ?
Une femme
Quittée par tous
N'est pas femme
Mais la poudre serrée dans la gorge du fusil
Le chagrin pétrifié
Au cœur de la montagne
Comment écrirais-je un poème
Avec autant de pierres
Fondues dans la gorge ?

Mahbouba IBRÂHIMI, « Nous ne méritions pas la guerre », p. 17.

Chez les poétesses, opter pour des poèmes lyriques mais également érotiques est avant tout le moyen de s'approprier le langage et l'espace poétique, apanage du sexe masculin dans cette société fortement patriarcale. En ce sens, cette écriture poétique est une revendication de liberté et une affirmation puissante de soi, en tant que femme. Impossible d'évoquer les voix des femmes dans la poésie contemporaine d'Afghanistan sans prononcer le nom de Forough Farrokhzâd (1934-1967), icône de la poésie moderne persane, source vivante d'inspiration pour les jeunes poétesses d'Afghanistan. Ses vers ont été mis en chanson dans les années 1960 et 1970 par Ahmad Zâher, compositeur et chanteur, icône populaire afghane. La poésie ouvre aux autrices un espace privilégié pour défier les conventions, exprimer leur rêve d'émancipation. Shukrea Erfâni, Karima Shabrang, Mahtâb Sâhel, Lima Aafshid, Mahbouba Ibrâhimi, Hodâ Khamosh affirment, via leurs poèmes, leur esprit de révolte et de liberté, qui se manifeste dans la forme, le langage et le discours, mais aussi dans l'imagination et les revendications. C'est la « femme libre » qui parle en toute confiance :

> [...]
> On dit que mes poèmes sont remplis de péchés
> On me scelle le sarcasme au visage
> Laisse les dévots masqués de la ville me lapider
> Laisse la une des journaux me condamner
> Moi, je suis femme
> Femme libre
> Femme nue, avide de baisers
> J'apaiserai l'âme emprisonnée
> Des jeunes femmes de ma ville

Laisse le monde hostile crier
Mes poèmes sont remplis de péchés.

Karima Shabrang, « Mes poèmes sont remplis de péchés », p. 96.

L'enfermement social de la femme est un thème constant. Mahtâb Sâhel fustige dans son poème « Fille radieuse » cet « honneur afghan » (*ghayrat-e afghâni*) qui fait du corps de la femme une marque de la préservation de l'honneur masculin.

Par ailleurs, la poésie constitue un refuge symbolique face au désespoir, à l'horreur et aux ténèbres. Écrire la poésie, c'est le premier et le dernier recours. Comme l'affirme la poétesse Mahbouba Ibrâhimi, quelques jours avant la chute de Kaboul le 15 août 2021, « Si nous n'écrivons pas de poèmes, nous mourrons ». En effet, ce qui rassemble ces voix diverses, parfois contradictoires, c'est bien leur croyance en la parole. En exil, ou au pays en prise aux mille et une contraintes, poétesses et poètes trouvent en mots la consolation, la lumière. C'est pourquoi se réfugier dans les paroles est vécu avec jubilation.

[…]
La nuit,
J'offre le clair de lune
Aux maisons sans fenêtre
Aux maisons où les ténèbres règnent
La nuit,
Je suis la poète des arbres
Qui s'élance dans la nature majestueuse
[…]

Khâleda Froagh, « Soleil généreux »,
p. 141.

Depuis 1980, la poésie afghane est irriguée par une rhétorique du désespoir, de la lamentation et de la nostalgie. Les années de guerre civile qui succèdent à l'occupation soviétique ont banni tout espoir de lendemains radieux. Kaboul est détruite. L'exil massif vers le Pakistan et l'Iran se poursuit encore, et atteindra son apogée après la prise de pouvoir des talibans en 1996. Dans les poèmes des années 1990, la mère patrie est dévastée, affamée, impuissante à soutenir ses enfants.

La poésie écrite en exil reflète une amertume abyssale, l'errance et le désarroi. L'exclusion, le mépris et la violence vécus au quotidien par les réfugiés afghans en Iran, une de leurs principales destinations depuis 1979 avec le Pakistan, trouvent écho dans les textes de la jeune génération en exil. Il est à souligner que les activités littéraires des réfugiés afghans en Iran se sont largement développées dès les années 1990 et que de nombreux romanciers, nouvellistes, poètes et poétesses ont été élevés dans un environnement culturel propice à la création littéraire grâce à une langue et à un héritage littéraire communs. Des associations littéraires telles que Dorr-e Dari, à Mashhad, ou Khâna-ye adabiyyât [La maison de la littérature d'Afghanistan], à Téhéran, sont devenues des institutions clés dans la formation de la jeune génération de poètes et poétesses en exil. Les revues littéraires, *Dorr-e Dari*, *Khatt-e Sevvom*, *Farkhâr* et *Revâyat* ont constitué des organes importants de publication et de critique des œuvres et des mouvements littéraires. Le festival de poésie Qand-e Pârsie, organisé entre 2002 et 2018, visait à faire connaître de nouvelles figures de la jeunesse afghane vivant en Afghanistan, en Iran ou ailleurs, qui composaient des poèmes ou écrivaient des nouvelles. Mais les innombrables restrictions qui frappent régulièrement les exilés afghans en Iran et au Pakistan à cette période ont provoqué des mouvements de retour en Afghanistan, puis de nouveaux départs en exil, en Europe ou en Australie cette fois. Depuis le retour au pouvoir des talibans en août 2021 et le développement de la censure et de la répression, on assiste à une migration importante des poétesses et des poètes vers l'Iran et le Pakistan et, de là, vers l'Europe ou l'Amérique du Nord.

Ces créations poétiques du XXIe siècle reflètent des voix extrêmement diverses, subtiles et de plus en plus radicales. De manière générale, en plus de l'expression amère du destin collectif d'un peuple, la poésie d'aujourd'hui ouvre d'autres chemins dépassant les lamentations et le chagrin. Et cela par deux moyens :

1) La poésie persane devient une plateforme de dissidence et de désobéissance à l'ordre établi, que ce soit l'ordre sociopolitique et économique imposé durant les vingt ans de présence américaine et étrangère en Afghanistan ou celui du système politique afghan corrompu. Les poètes expriment de manière plus audacieuse leurs revendications et critiquent davantage la normalisation de la violence, la complicité des dirigeants de l'ancien régime (République islamique) avec les fondamentalistes talibans. Ils rappellent la part de responsabilité des forces régionales et internationales dans l'embrasement en Afghanistan. Les

autrices et les auteurs remettent en question les principes présentés comme immuables et sacrés de l'« unité nationale », de l'« identité nationale » ou « afghanité », avec leurs codes culturels associés tels que l'« honneur afghan » – une croyance propagée via les médias officiels mais aussi par d'autres moyens de communication et d'éducation, comme les manuels scolaires, tout au long du XXe siècle.

C'est dans la poésie de ces vingt dernières années plus que dans les livres d'histoire contemporaine qu'on trouve des voix radicales pour dénoncer les rapports de domination, les inégalités sociales, les déplacements forcés, la discrimination et la répression linguistique croissante. L'Afghanistan compte deux langues officielles : le persan et le pachto. Le persan, *lingua franca* dans ce pays composé d'une mosaïque culturelle, linguistique et ethnique, change de nom – de « fârsi » il est nommé « dari » dans la Constitution de 1964, et depuis on assiste à la répression de cette langue en faveur du pachto. Cette hostilité à l'égard du persan, dit « dari », persiste durant les vingt ans de la République islamique (2001-2021) et s'intensifie depuis le retour au pouvoir des talibans en 2021. Cette répression touche également la sphère culturelle. Les rituels, les fêtes anciennes et préislamiques comme Nawrouz, le nouvel an persan, ont été interdits depuis.

Si l'expression de l'attachement à la terre natale est un motif récurrent de la poésie afghane, des voix dissidentes expriment une relation affective et accablante avec le pays natal. Loin des slogans patriotiques, politiques, ou des évocations nostalgiques et romantiques, les poèmes des exilés mettent en scène un amour indéfectible mais aussi fatal pour la patrie et la souffrance que provoque cet attachement. Mahbouba Ibrâhimi met en relief cette amertume dans le poème « Afghanistan » (p. 22). On retrouve un ton similaire dans certains textes d'Ebrâhim Amini et de Waheed Baktâsh.

Les créations littéraires de ces dernières années abondent de souffrance, de rage et de désespoir émanant d'un quotidien rythmé par les attentats. Le poème « Respire » de Shoaib Hamidzai (p. 185) traduit le caractère suffocant de la vie dans ce pays meurtri. Les images évoquent des scènes de détresse après des attentats en pleine rue, des corps sans âme ensanglantés, morcelés.

Ces voix de révolte, de rage sont celles d'une génération pour qui la littérature demeure la seule barricade, qui doit dénoncer, dire et nommer l'horreur, déconstruire le sacré et toucher l'interdit. Et c'est ainsi que son existence prend sens, c'est ainsi qu'elle peut rêver.

2) Les paroles poétiques de la jeunesse célèbrent l'espoir, la liberté et la résistance. En dépit de la souffrance, de la frustration face aux drames et aux défaites d'un peuple, ces voix font entendre des vaincus qui rêvent de la liberté et qui n'abandonnent pas le combat.

Elle se soulève telle une ruine dans les rues, liberté
Sous les lames, les poignards et la fusillade, liberté.

Ô fille de Kaboul, tourbillons de vents en furie
De ta gorge serrée à chaque fois s'élance la liberté.

Lune transparente dans les ténèbres, tu brilles
Sur les murs et les portes, tu graves « liberté ».
[...]

Mahtâb Sâhel, « Liberté » (p. 29)

Le combat continue dans les mots, par les mots, au-delà des mots. Seuls les mots leur permettent d'imaginer un monde libre et égalitaire.

Aujourd'hui, les activités littéraires dans le pays sont limitées par la crainte et la répression. De rares associations littéraires ont pu rouvrir leurs portes en 2022 mais œuvrent avec de nombreuses contraintes, relevant notamment de la ségrégation de genre. Très peu de nouvelles publications sortent. Pourtant, les poétesses et poètes d'Afghanistan continuent d'écrire. C'est le support qui a changé : Internet permet l'échange, la publication et la communication entre les auteurs et autrices vivant dans le pays, ceux forcés de le quitter et ceux déjà installés en exil. Les réseaux sociaux et les chaînes de Telegram sont devenus presque le seul moyen de diffusion de cette poésie.

En même temps, le recours à des procédés d'écriture et des figures de style, très vivantes avant 2001, comme la métaphore, la métonymie, l'amphibologie, la prolixité et l'allégorie permet aux poètes et poétesses vivant dans le pays de critiquer le pouvoir répressif et d'exprimer leur mécontentement, leur désespoir et leur douleur de manière discrète et oblique. Je suis régulièrement leurs nouvelles créations publiées sur leurs pages personnelles dans les médias sociaux. C'est sur ce support qu'Ahmad Behrâd a écrit, il y a quelques jours, depuis Hérat, l'un des canons de la poésie persane en Afghanistan :

Ma petite fille !
L'hiver fait sa valise
Et le printemps

Étendra son châle rouge
Sur les plaines
Résiste
Mon hirondelle impatiente !
Cet hiver aussi passera.

Ahmad Behrâd

L'anthologie proposée ici est consacrée aux poètes et poétesses d'Afghanistan d'expression persane. Il s'agit de textes écrits entre 2001 et 2024 par une jeune génération née en contexte de guerre, qui a commencé à écrire après 2001, dans une période marquée par des violences (guerre et attentats), des changements de régimes politiques, et de profonds bouleversements sociopolitiques et culturels.

Le corpus a été sélectionné parmi les poèmes publiés sur Internet ou dans des recueils en Afghanistan, en Iran ou ailleurs. Une grande partie des textes a été choisie parmi ceux publiés ces dernières années par les auteurs et autrices sur les réseaux sociaux (Facebook, Instagram) ou sur les chaînes de Telegram. Ils sont postés sous forme de textes écrits ou de captures d'écran, accompagnés parfois de déclamations. Il s'agit en fait de la poésie des médias sociaux.

Depuis 2012, Facebook est devenu chez les poétesses et poètes afghans la principale plateforme de communication et de publication de la poésie. Ils et elles publient régulièrement, et souvent immédiatement après la composition d'un nouveau poème, leurs créations sur leur page personnelle Facebook, Instagram et/ou leur chaîne Telegram. Ainsi sont-elles commentées, likées ou partagées et entraînent-elles des réactions de lecteurs ou d'autres poètes. Comme le montre Zuzanna Olszewska dans ses études récentes sur les nouveaux modes de circulation de la poésie chez les réfugiés afghans, les plateformes virtuelles ont grandement servi la poésie politique en permettant une parution et des réactions immédiates suivant les drames et les grands événements[1]. C'est ainsi que la poésie peut épouser la temporalité des guerres ou des attentats. Ce mode de publication virtuelle, rapide et pratique, rend possible la circulation des créations littéraires au-delà des frontières et de nouvelles solidarités via le langage de la poésie et de la musique, comme

1. Zuzanna Olszewska, « If we do not Write Poetry, We will Die : Afghan Diasporic Social Media Poetry for the Fall of Kabul », *The Routledge Handbook of Refugee Narratives*, *op. cit.*

l'attestent les nombreuses réactions sur les réseaux sociaux des persanophones vivant en Iran, en Irak, en Asie centrale, déclamant ou chantant des poèmes devenus viraux et symboles de la résistance. Le poème « Je t'embrasse » de Râmin Mazhar (p. 153), interprété par des groupes amateurs kurdes, iraniens et tadjiks, en est un exemple.

Les poèmes publiés virtuellement, et plus tard éventuellement sous un autre format, peuvent être mis en chanson, des extraits se glissent parfois dans des films (comme des vers de « Fasse le ciel que les raisins mûrissent » d'Elyas Alavi dans le film *Les manuscrits ne brûlent pas* de Mohammad Rasoulof, cinéaste iranien), des romans en langue persane ou en langues européennes. Ils peuvent être déclamés par leurs auteurs ou plus souvent par leur public transnational. Certains vers sont repris dans d'autres poèmes et peuvent faire également l'objet de débats, de contestations, voire d'ironie. Une nouvelle forme d'exégèse et de réemplois se développe dans ces pratiques culturelles transnationales.

Les poèmes de cette anthologie jouissent d'une variété de formes (du style classique du *ghazal* au vers libre) et de tonalités (poème politique, social, engagé, d'amour, érotique, féministe…). L'exil, la patrie, la liberté, l'amour, la mort constituent des thèmes récurrents dans cette expression foisonnante.

Respectant la parité entre hommes et femmes, de sorte à révéler le poids des poétesses dans la création contemporaine afghane, cette anthologie présente les œuvres de vingt-deux auteur·e·s[1]. Pour cette sélection, j'ai bien sûr considéré la qualité littéraire des œuvres, mais aussi le lien continu de l'auteur en exil avec son pays d'origine ainsi que la période de création. Je me suis concentrée sur les poèmes du XXIe siècle et sur les poétesses et les poètes jeunes. C'est pourquoi les grandes figures de la poésie contemporaine afghane[2] ne se trouvent

1. Dès la conception de ce projet de traduction en 2021, mon objectif principal était de faire entendre en priorité la voix des poètes et poétesses résidant en Afghanistan. C'est pourquoi seize artistes figurant sur ma liste étaient ceux et celles qui vivaient dans le pays. Mais depuis le retour au pouvoir des talibans en août 2021, quatorze d'entre eux ont été contraints à l'exil.

2. Comme Khalilullah Khalili (1907-1987), Wâsef Bâkhtari (1943-2023), Qahâr Asi (1956-1994), Lailâ Sarâhat Rushani (1952-2004), Homaira Nakhat Dastgirzâda (1960-2020) et d'autres poètes très connus comme Mohammad Asef Rahmani (né en 1964), Partaw Nâderi (né en 1952), Abutâleb Mozaffari (né en 1966) ou Kâzem Kâzemi (né en 1968).

pas dans ce recueil[1]. D'ailleurs, je regrette profondément de ne pouvoir inclure d'autres jeunes artistes brillants qui avaient leur place dans cette anthologie[2], mais le format de l'ouvrage et la limite du temps imposaient des choix. Ne maîtrisant pas la langue pachto, je n'ai pas pu y faire figurer la poésie d'expression pachto, si puissante et intense, en particulier sous forme de *landays*. Sans prétendre à l'exhaustivité et à la représentativité, cette anthologie offre l'image d'une littérature vivante qui traduit les cris, la rage, la souffrance et l'esprit de liberté des hommes et des femmes d'Afghanistan.

Belgheis Alavi, chercheure et enseignante

---

1. La poésie contemporaine afghane est peu traduite en langues européennes. Il existe une traduction en français d'une sélection de poèmes de Khalilullah Khalili (*Quatrains et autres poèmes*, Paris, L'Inventaire, 2012) et un recueil des poèmes de Partaw Naderi en anglais, publié en 2008 par Enitharmon Press.

2. Je voudrais particulièrement évoquer, parmi d'autres, Ahmad Behrâd, Sohrâb Sirat, Ofran Badakhshani, Rooholamin Amini, Mazda Mehrgan, Aman Mirzayi, Kâwa Jobrân, Mostafa Zahed, Maral Taheri, Hamid Mobasher, Zahra Hussainzada, Zahra Zahedi, Ramin Arabnejad, Sharif Saeedi, Shaheer Dariush, Ehsan Badakhshani, Mehran Poupal, Helal Farshidvard et Alimadad Rezvani.

Biographies des poétesses et poètes

Lima Aafshid

Née en 1996 dans la province de Kapissa, à l'est de l'Afghanistan, elle passe ses premières années entre Kaboul et le Pakistan où ses parents se réfugient. Dès la fin du premier règne des talibans en 2001, elle retourne à Kaboul et y effectue sa scolarité. En 2014, elle intègre l'université de Kaboul pour y étudier le journalisme. Elle rejoint très vite l'association littéraire des étudiants de l'université, Sher-e-daneshgah, et participe activement aux réunions poétiques hebdomadaires. Après son diplôme, elle travaille comme reporter indépendante. À la suite de la chute de Kaboul le 15 août 2021, elle est contrainte de quitter son pays. Elle est actuellement réfugiée aux États-Unis. Ce grand changement provoque en elle une véritable « congélation littéraire ».

Elyas Alavi

Né en 1982 à Daikundi, Elyas Alavi est un artiste visuel et poète. En pleine guerre civile, il quitte Barghas, son village natal, à l'âge de six ans avec ses parents pour trouver refuge en Iran, dans la banlieue est de la ville de Mashhad. Il habite depuis 2007 en Australie. Il mélange la peinture, la sculpture, l'image, la poésie et la performance. Il a publié trois recueils de poésie, dont le premier, *Man gorg-e Khiâlbâfi hastam* [Je suis un loup rêveur] (Téhéran, 2007) a attiré très vite l'attention des critiques littéraires en Iran. Ses deux autres recueils s'intitulent *Ba'zi Zakhmhâ* [Certaines blessures] (Kaboul, 2012) et *Hodoud* [Limites] (Téhéran, 2015). Certains poèmes d'Elyas Alavi ont été traduits en kurde, en arabe, en anglais, en grec, en espagnol et en allemand dans des anthologies ou des publications universitaires.

Ebrâhim Amini

Né en 1987 à Mazâr-e Sharif, Ebrâhim Amini fait sa scolarité d'abord de manière informelle dans un *maktab khâna* (une école traditionnelle) avant d'intégrer le lycée Esteqlâl à Mazâr en 2001. Il rejoint l'Association libre des écrivains de Balkh. Plus tard, en 2006, il cofonde le cercle littéraire Zolf-e yâr à Mazâr pour se distinguer des cercles traditionnels. Il publie ses deux premiers recueils de poèmes en 2007 et 2008. Vers 2011, il lance le Front littéraire Alef tâyâ qui devient l'un des centres culturels les plus animés de Balkh. Il exerce le métier de journaliste à Kaboul avant d'être contraint de quitter son pays en 2013. Au terme d'un voyage clandestin de deux mois, il trouve refuge en Autriche. Il note dans sa biographie qu'il vit toujours en pensée et en émotion dans son pays natal. Il raconte son odyssée de 2013 dans un ouvrage intitulé *Défier la route* paru en 2018. Il a publié sept recueils de poèmes entre 2007 et 2024, à Mazâr, Kaboul, Mashhad (Iran) et Toronto pour le dernier ouvrage, parmi lesquels *Waqti havâ-ye tchachm-e to râ meh gerefta boud* [Quand le brouillard avait envahi tes yeux], *Farâmouch-e Kaboul* [Oublié de Kaboul] et *Tchachmbandi* [Escamotage].

Hadia Armaghân

Hadia Armaghân, née à Mazâr en 1992, est diplômée de droit et de sciences politiques. Elle cofonde Partaw, une maison consacrée à la culture et réservée aux femmes, à Mazâr en 2010 et est un membre actif du cercle littéraire Alef tâyâ dans sa ville natale, collaborant notamment à sa revue mensuelle. En août 2021, elle quitte son pays. Elle habite désormais à Berlin. Elle a publié un recueil de poèmes, « Une fleur dans la fange », à Kaboul, en 2020. Ses écrits sont parus également dans une anthologie de poèmes de la jeunesse du nord d'Afghanistan sous le titre *Fardâ râ waraq bezan* [Feuillette le futur] (Mazâr, 2012). Quelques textes d'Hadia Armaghân ont été traduits en allemand dans le cadre d'un recueil de poésie des auteurs persanophones de Berlin, en 2024.

Waheed Baktâsh

Waheed Baktâsh est né en 1986 à Tâlqân, au nord de l'Afghanistan. Il a fait ses études à la faculté de droit et de sciences politiques de l'université de Kaboul. Membre de l'association Anjoman-e Qalam/Pen Association, il commence par composer des poèmes courts, avant de leur préférer des poèmes libres. Il a publié sept recueils de poésie entre 2007 et 2019 dont *Ba sapidi-ye in che'rhâ chak konid* [Doutez de la blancheur de ses poèmes] (Kaboul, 2010), *Alprazolam* (Kaboul, 2012), *Mâ barâye zanhâ ba donyâ miâyim* [Nous naissons au monde pour les femmes] (Kaboul, Barg Publication, 2014), *Aqab Nechini ba Bâghhâ-ye Anâr* [Recul aux jardins de Grenade] (Kaboul, Aan Publication, 2019). Il fut contraint de partir en exil après le retour au pouvoir des talibans et habite depuis 2022 en Allemagne. Cet auteur prolifique publie ses nouveaux poèmes sur ses pages Facebook, Instagram et sur sa chaîne Telegram. Waheed Baktâsh a également travaillé dans le journalisme et a fondé la Neshana News Agency.

Afif Bâkhtari

Né en 1962, Afif Bâkhtari a profondément inspiré la jeunesse passionnée de poésie au cours de ces vingt dernières années. Ce poète de Balkh n'a jamais emprunté le chemin de l'exil et est resté dans sa ville natale. C'est après la fin de la première période des talibans qu'il a publié un recueil intitulé *Sang-o Setâra* [Pierre et étoile] en 2003, un ouvrage qui a attiré l'attention de la jeunesse. Afif Bâkhtari a rejoint l'Association libre des écrivains de Balkh et, plus tard, le cercle littéraire novateur Alef tâ yâ, fondé par les jeunes poètes de Balkh. Il a été le rédacteur en chef des revues littéraires de Mazâr *Jahan-e-Naw* et *Alaf tâyâ*. Il a publié quatre autres recueils dont *Avâz hâ-ye khâkestari* [Les chants gris], (Balkh, 2004) et *Man bâ zabân-e daryâ* [Moi en langue de la mer] (Kaboul, 2007 ; 2012). Son dernier recueil, *Pedar-e che'ar-e djahân* [Père de la poésie du monde] est paru en 2016. Son titre est tiré d'un de ses ghazals.

Afif Bâkhtari est mort en 2017. C'était une icône de la poésie contemporaine persane en Afghanistan. La musicalité de ses vers, son langage simple et percutant, l'ironie amère de ses mots et son esprit de liberté le distinguaient des auteurs de sa génération. Il publiait ses vers sur son blog personnel, entre 2005 et 2017.

Shukrea Erfâni

Née en 1979 à Ghazni, elle part pour l'Iran à l'âge de cinq ans. Diplômée de littérature persane à Téhéran, elle commence à écrire dès son adolescence, dans un contexte où prédomine en Iran et en Afghanistan la littérature révolutionnaire. Elle a publié deux recueils de poèmes : *Bâ zabân-e tanhâyi* [En langage de solitude], paru en 2000 à Moscou, puis *Andouh-e mâ djahân râ tahdid namikonad* [Notre chagrin ne menace pas le monde], paru en 2015 à Téhéran. Shukrea Erfâni a été l'un des membres fondateurs de l'association littéraire Khan-ye adabiyyat-e Afghanistan, à Téhéran. Elle a également eu la charge de la revue *Farkhâr*, qui appartenait à cette association. Shukrea Erfâni écrit des poèmes libres. Elle quitte l'Iran au bout de plus de vingt ans pour la Russie, avant de se réfugier en Australie.

Khâleda Forough

Khâleda Forough (Froagh) est romancière et poète. Née en 1972 à Kaboul, elle a publié seize ouvrages en persan dont douze recueils de poèmes à Kaboul, Peshawar (Pakistan), où elle était en exil dans les années 1990. Elle a enseigné les lettres à l'université de Kaboul et avait la charge de la production de l'émission littéraire *Kâkh-e boland* [Le Haut Palais] sur la chaîne privée afghane Tolo. Elle a dirigé également la revue littéraire *Sadaf*. Khâleda Froagh fait partie des fondateurs de Pen Association en Afghanistan. En 2022, elle se réfugie en Norvège. Une sélection de ses poèmes intitulée *Mâh-e gorizân az shab/Måne på flukt fra natta* [La Lune fuyant la nuit] est parue en édition bilingue en 2024 chez Aschehoug, à Oslo.

Mostafâ Hazâra

Né en 1989 dans la région de Behsoud en Afghanistan, Mostafâ Hazâra passe son enfance en Iran où ses parents se sont réfugiés. De retour en Afghanistan en 2005, il étudie les sciences politiques. Membre de la Pen Association et de l'Union des écrivains d'Afghanistan, il a travaillé aussi pour la presse écrite. Il a publié trois recueils de poèmes dont *Pol-e Sorkh*, à Kaboul en 2016 et *Sâl-e Dehmazang* [Année de

Dehmazang], en 2020. Il s'affirme comme un poète antiguerre, un poète du Pole-e-sokh (un quartier de l'ouest de Kaboul). Il s'est réfugié en France en août 2021 après le retour au pouvoir des talibans.

Shoaib Hamidzai

Né en 1994 à Hérat, Shoaib Hamidzai est diplômé en agriculture durable. Il enseignait à l'université privée de Jâmi à Hérat jusqu'au retour au pouvoir des talibans en août 2021. Les restrictions innombrables l'ont conduit à quitter son poste et à partir en Iran où il habite. Il compose des poèmes depuis plus de dix ans. Il fut membre de la section jeunesse de l'association littéraire de Hérat. Il a remporté trois prix littéraires dans des festivals de poésie à Ispahan, à Hérat et à Téhéran. Ses poèmes ont été publiés dans des revues littéraires en Iran et Afghanistan.

Mahbouba Ibrâhimi

Née à Kandahar en 1977, elle immigre avec sa famille en Iran au début des années 1980. Diplômée en santé publique de l'université de Téhéran, elle retourne avec sa famille en Afghanistan en 2007. Elle rejoint le centre culturel français de Kaboul et se forme à la réalisation de documentaires. Son premier recueil de poèmes, *Bâdhâ khâharân-e man and* [Les vents sont mes sœurs], est paru en 2007 à Téhéran. Son deuxième recueil, publié à Kaboul en 2017, s'intitule : *Laili, Majdnoun wa batchhahâ* [Laili, Madjnoun et les enfants]. Et son dernier recueil, *Ba dahânam dar âyena negâh mikoni* [Tu regardes ma bouche dans le miroir], a été publié à Hérat en 2021 un mois avant l'arrivée des talibans. Elle poste régulièrement ses poèmes sur Facebook. Mahbouba Ibrâhimi vit depuis 2011 en Suède.

Fâtima Kâzimi

Née en 1998 dans le district de Waras à Bamiyan, Fâtima fait sa scolarité à Kaboul et y grandit. Elle étudie au lycée Sayyed al Shohada à Dasht-e Bartchi. En 2018, elle intègre le département de littérature dramaturgique de l'université de Kaboul. C'est là qu'elle commence à écrire et rejoint le cercle littéraire Djolga. Elle est contrainte de quitter Kaboul en mars 2022 pour l'Iran avec un visa d'études. Elle poste ses poèmes sur Facebook et sur sa chaîne Telegram.

Hodâ Khamosh

Née en 1996 à Isfahan, en Iran, elle retourne avec sa famille en Afghanistan en 2004 pour s'installer dans la région de Sâlang au nord de

Kaboul. Diplômée de lettres, Hodâ Khamosh publie en 2018 son premier recueil de poèmes intitulé *Mibusamat* [Je t'embrasse] à Kaboul. Elle se distingue par ses vers érotiques et courts. Son deuxième recueil, *Bekârat-e Rikhta* [L'hymen rompu], a paru en 2021 en Norvège quelque temps après la chute de Kaboul. Hodâ Khamosh s'est réfugiée à Oslo en 2022.

Masoma Mahshid

Masoma Mahshid, née en 1997 dans le district de Mâlestân à Ghazni, fait sa scolarité dans son village natal. En 2016, elle intègre l'université de Ghazni et y étudie les sciences informatiques. C'est à ce moment qu'elle commence à composer des poèmes et assiste aux réunions littéraires du cercle Khâna-ye Khayyâm [Maison de Khayyâm]. Dès la fin de ses études, elle lance avec sa sœur un café littéraire à Ghazni et cofonde le cercle littéraire Hirmand. Après le 15 août 2021, elle est contrainte de fermer son établissement. Elle part en Iran en septembre 2023 pour y faire un master à l'université d'Yazd. La même année, elle publie un recueil de ses poèmes : *Ayena miraqsad* [Le miroir danse] (Téhéran, Amu Publication, 2023).

Râmin Mazhar

Poète, journaliste, Râmin Mazhar est né en 1995 à Bamiyan et grandit à Kaboul. Diplômé de littérature persane à l'université de Kaboul, il fut un membre actif du Poetry Club de l'université. Il a travaillé dans les médias en Afghanistan. Il quitte le pays fin août 2021 à la suite du retour au pouvoir des talibans et se réfugie en France. Son poème « Je t'embrasse » est devenu viral des mois avant la chute de Kaboul, il a été mis en chanson par Ghawgha Taban, et plus tard repris par d'autres persanophones en Iran et au Tadjikistan.

Tamannâ Mehrzâd

Elle est née en 1997 à Hérat. Diplômée de littérature persane à l'université de Hérat, elle est membre de l'Association littéraire de Hérat qu'elle a rejointe dès l'âge de seize ans. Elle participe et anime des réunions littéraires au sein de cette association. Son recueil de poèmes *Shahri ke borida guissowânat* [La ville qui a coupé ta chevelure] est paru à Hérat en 2019. Elle écrit plutôt des poèmes sous les formes classiques du *ghazal* et du *robâi* (forme poétique courte composée de deux vers). Récemment, elle a écrit aussi en « vers blancs », des vers sans rimes. Elle habite toujours dans sa ville natale. Grande lectrice de romans, d'essais et passionnée d'études de genres, elle est autodidacte. Elle anime également des réunions virtuelles sur la littérature mondiale.

Mujib Mehrdâd

Né en 1985 dans la province du Badakhshan, Mujib Mehrdâd est poète, dramaturge, traducteur et journaliste. Diplômé en littérature persane à Kaboul, il a obtenu un master en littérature anglaise à l'université du Pendjab, en Inde. Il a publié cinq recueils de poésie : *Gladiator hâ hanuz namimirand* [Les gladiateurs ne meurent toujours pas] (Kaboul, 2007), *Mâhiyân az rag hâye mâ gorikhta and* [Les poissons ont fui nos veines] (Kaboul, 2008), *Mokhâtab* [Audience] (Kaboul, 2009) et *Sarbâz* [Soldats] (2014). Son dernier recueil de poésie, *Koutcha-ye Delphinhâ* [Ruelle des Dauphins] (Téhéran, 2021), a remporté le prix Ahmad Shamlou en Iran. Il a traduit en persan des textes d'Allen Ginsberg, de Sylvia Plath, de Langston Hughes, de Vladimir Maïakovski et de Rabindranath Tagore. Il a été rédacteur en chef du quotidien *Hasht-e-Subh* entre 2020 et 2022.

Rezâ Mohammadi

Poète connu et critique littéraire, Rezâ Mohammadi est né à Ghazni en 1979. Il a étudié le droit puis la philosophie en Iran avant de poursuivre ses études à la London Metropolitan University. Ses trois recueils de poésie lui ont valu de nombreux prix en Iran et en Afghanistan dès 2002. Rezâ Mohammadi est également un journaliste prolifique et un commentateur culturel. Ses articles ont été publiés dans plusieurs revues d'Afghanistan et d'Iran, ainsi qu'en anglais dans *The Guardian*. Il a dirigé l'Union des écrivains d'Afghanistan jusqu'en août 2021, date à laquelle il s'est exilé en Angleterre. Il a écrit sept recueils de poèmes dont *Pâdchâhi-ye che'r* [Royaume de la poésie] (Kaboul, 2014), *Bâzi bâ Izrâil* [Jeu avec Azraël] (Kaboul, 2004), *Kâghaz bâd* [Feuille au vent] (Téhéran, 2002), *Safarnâma-ye bâd* [Récit de voyage du vent] (Téhéran, 2017). Il a préparé et publié une anthologie de la poésie de la jeunesse d'Afghanistan, à Téhéran en 2004. Une sélection de ses poèmes a été traduite en anglais par Nick Laird et Hamid Kabiret et publiée en 2012 par The Poetry Translation Centre à Londres.

Râshed Râmez

Né en 1988 à Kaboul, il fait sa scolarité au lycée Amâni. Diplômé de médecine à l'université de Hérat, il s'est spécialisé en dermatologie à Kaboul. Il fut contraint de s'exiler en Allemagne en 2022. Il compose des poèmes depuis 2006. Membre des cercles littéraires de Hérat et de Kaboul, il a suivi des séminaires de critique littéraire. Il écrit principalement dans le genre classique *ghazal* et *robâi* (forme poétique courte composée de deux vers). Il a publié quatre recueils : *Az Pâytakht-e khâb* [Depuis la capitale du sommeil] (Kaboul, 2007), *Tchahâr khat-e mowâzi* [Quatre lignes parallèles] (2019, Kaboul), *Barkhord-e chab ba chicha* [La nuit heurte le verre] (Kaboul, 2019) et *Har Ayina* [De toute évidence] (2024).

Mahtâb Sâhel

Née en 1990 à Kaboul, Mahtâb Sâhel a fait des études de droit. Elle écrit depuis 2011 des poèmes en forme classique *ghazal*. Elle a publié trois recueils de poésie : *Lâlahâ lab-hâ-ye madjrouh-e man and* [Les tulipes sont mes lèvres blessées](Kaboul, 2011), *Soura-ye Guissou* [La Sourate de la chevelure] (Kaboul, Taak Publication, 2017) et *Tchehl che'r-e ham zakhm* [Quarante Poèmes frappés d'une même blessure] (Téhéran, 2023). Elle a remporté de nombreux prix littéraires en Afghanistan et en Iran, ainsi que le prix de la poésie Zhâle Esfahâni en Angleterre. Depuis 2020, elle est membre également du jury de plusieurs festivals de poésie. Elle habite depuis 2021 à Téhéran.

Karima Shabrang

Née en 1986 dans le district de Jorm de la province du Badakhshan, elle fait sa scolarité dans sa région natale. Elle intègre l'université de Kaboul en 2003 et y étudie la littérature persane. C'est à cette période qu'elle commence à écrire des poèmes. Elle a publié cinq recueils de poèmes, dont *Farâsou-ye badnâmi* [Par-delà la mauvaise réputation] (Kaboul, 2010), *Pellahâ-ye gonâh âloud* [Les Marches souillées de péchés] (Barg Publication, 2013) et *Atachbas bâ che'r* [Cessez le feu avec la poésie] (Amiri, 2020). Une sélection de ses poèmes a été publiée en édition bilingue persan-allemand, en 2025, par ICORN/DAAD, sous le titre *Khâk Nafas kachidam bârân sokhan goftam/Ich atmete Erde, sprach Regen*. Depuis la publication de ses vers exprimant les désirs érotiques féminins, elle est menacée par les milieux extrémistes de sa région natale. En 2018, elle quitte le pays et s'installe avec sa famille en Turquie. Elle vit depuis 2022 à Berlin.

Ziâ Qâsemi

Ziâ Qâsemi est un poète, romancier et critique littéraire. Né en 1975 à Behsoud, il se retrouve à dix ans en Iran avec sa famille. Diplômé de cinéma à Téhéran, il cofonde la Maison de littérature d'Afghanistan à Téhéran et dirige le festival littéraire Qand-e pârsi pour trois sessions, ainsi que la revue littéraire *Farkhâr*. En 2007, Ziâ Qâsemi rentre en Afghanistan. Il écrit alors des articles pour les pages cinéma et littérature dans des quotidiens comme *Hashte Subh*. Il a publié quatre recueils de poèmes : *Bâgh hâye mo'allaq-e angour* [Les Jardins florissants de raisins] (Téhéran, 2007), *Pâdchâhi-ye andouh* [Royaume du chagrin] (Kaboul, 2017), *Salâmi ba sobh-e Khorassan* [Bonjour au matin de Khorassân] (Delhi, 2021), *Takwin* [Création] (Kaboul, 2018) et deux romans : *Zamestân* [Hiver] (Kaboul, 2019) et *Waqti Moussâ Kochta chod* [Quand Moussâ fut tué] (Téhéran, 2021). Son deuxième roman a été traduit en arabe et publié au Koweït. Ziâ Qâsemi habite depuis 2012 en Suède et est un membre actif de l'association littéraire Salsâl. Il est aussi le rédacteur du festival de poésie de Salsâl en Suède. Il dirige également la revue de critique littéraire *Ketâb Nâma*.

Références bibliographiques

Elyas Alavi, *Man gorg-e Khiâlbâfi hastam* [Je suis un loup rêveur], Nimaj, 2007 ; Téhéran, 2016.

Elyas Alavi, *Ba'zi zakhmhâ* [Certaines blessures], Kaboul, Taak, 2012.

Ebrâhim Amini, *Tchachmbandi* [Escamotage], Toronto, Kabul Books, 2024.

Leili Anvar, *Rûmî : La religion de l'amour*, Paris, Éditions Médicis-Entrelacs, 2004.

Hadia Armaghân, *Une fleur dans la fange*, Kaboul, Barg Publication, 2020.

Afif Bâkhtari, *Pedar-e che'r-e djahân* [Père de la poésie du monde], Kaboul, Amiri Publication, 2017.

Waheed Baktâsh, *Mâ barâye zanhâ ba donyâ miâyim* [Nous naissons au monde pour les femmes], Kaboul, Barg Publication, 2014.

Shukrea Erfâni, *Andouh-e mâ djahân râ tahdid namikonad* [Notre chagrin ne menace pas le monde], Téhéran, Nimaj, 2015.

Mahubouba Ibrâhimi, *Bâdhâ Khâharân-e man and* [Les vents sont mes sœurs], Téhéran, Sooreh Mehr, 2007.

Hodâ Khamosh, *Bekârat-e Rikhta* [L'hymen rompu], Olso, Aftab Publication, 2021.

Masoma Mahshid, *Ayena miraqsad* [Le miroir danse], Téhéran, Amu Publication, 2023.

Mujib Mehrdâd, *Koutcha-ye Delphinhâ* [Ruelle des Dauphins], Téhéran, 2021.

Rezâ Mohammadi, *Safarnâma-ye bâd* [Récit de voyage du vent], Téhéran, 2017.

Mahtâb Sâhel, *Tchehl che'r-e ham zakhm* [Quarante poèmes frappés d'une même blessure], Téhéran, Kelikin, 2023.

Karima Shabrang, *Farâsou-ye badnâmi* [Par-delà la mauvaise réputation], Kaboul, 2010.

Zuzanna Olszewska, *The pearl of Dari: poetry and personhood among young Afghans in Iran*, Indiana, Indiana University Press, 2015.

Zuzanna Olszewska, « If We Do Not Write Poetry, We Will Die : Afghan Diasporic Social Media Poetry for the Fall of Kabul », *The Routledge Handbook of Refugee Narratives*, Londres, Routledge, 2023, p. 140-152.

Ziâ Qâsemi, *Pâdchâhi-ye andouh* [Royaume du chagrin], Kaboul, Taak, 2017.

Remerciements

Je remercie vivement mes amies Maud Thiria, Francine Charoy et Arnoul Charoy pour leurs relectures minutieuses des traductions et leurs précieuses remarques. Je voudrais exprimer toute ma reconnaissance envers Olivier Weber pour son engagement sans faille à faire entendre ces voix de révolte. Mes remerciements vont également à Guilda Chahverdi pour sa relecture attentive des premiers textes. J'exprime également ma gratitude à mon amie Agnès Devictor, chercheure en histoire de l'art, qui m'a soutenue tout au long de ce projet de traduction par ses conseils. Un grand merci aussi à Sarwe Rasa Rafizada, chercheuse en littérature contemporaine d'Afghanistan, qui m'a fait découvrir de nouveaux textes. Merci aussi à Séverine Daucourt, Catherine Barsics et Marielle Anselmo pour leur soutien.

Je remercie chaleureusement Philippe Robinet, Jeanne Grange, Régine Hatchondo et Pascal Perrault. Merci enfin aux poètes et poétesses qui m'ont envoyé leurs recueils publiés et ont répondu patiemment à toutes mes questions concernant leurs textes.

Table des matières

Composé et mis en page par PCA, 44400 Rezé

Achevé d'imprimer en mars 2025
par CPI BUSSIÈRE (18200 Saint-Amand-Montrond)
pour le compte des Éditions Calmann-Lévy
21, rue du Montparnasse, 75006 Paris
commercial@calmann-levy.fr

CALMANN LEVY s'engage pour l'environnement en réduisant l'empreinte carbone de ses livres. Celle de cet exemplaire est de :
850 g éq. CO_2
Rendez-vous sur www.calmann-levy-durable.fr

PAPIER CERTIFIÉ

N° d'éditeur : 7052333/01
N° d'imprimeur : 2083476
Dépôt légal : mars 2025
Imprimé en France.